# Μπάρμπε

*Αγαπητοί φίλοι και φίλες,*

*Από τον εκδοτικό μας οργανισμό κυκλοφορεί τώρα και στην ελληνική γλώσσα μια νέα σειρά βιβλίων μαγειρικής, ζαχαροπλαστικής κτλ. Πρόκειται για μια έκδοση του γνωστού και έγκυρου αυστραλέζικου περιοδικού "Women's weekly", η οποία γνωρίζει τεράστια επιτυχία σ' όλο τον κόσμο.*

*Στα βιβλία της σειράς θα βρείτε υπέροχους συνδυασμούς γεύσεων, παλιές και καινούργιες συνταγές, κλασικές, αλλά και ασυνήθιστες. Θα γνωρίσετε τη μαγειρική άλλων λαών, θα δοκιμάσετε καταπληκτικές λιχουδιές από τις χώρες της Ανατολής, αλλά και της Δύσης.*

*Θα βρείτε ακόμη σπεσιαλιτέ με πατάτες, κοτόπουλο, ψαρικά και θαλασσινά, συνταγές για υπέροχες τούρτες και γλυκά, για νόστιμες σάλτσες και μαρμελάδες, συνταγές για χορτοφάγους και γι' αυτούς που αγαπούν την υγιεινή διατροφή, ακόμη και θαυμάσια κοκτέιλ. Επίσης μέσα από τις σελίδες κάθε βιβλίου θα ανακαλύψετε πρωτότυπους και εντυπωσιακούς τρόπους σερβιρίσματος και παρουσίασης των φαγητών και των ποτών, ιδέες και προτάσεις για πάρτι, δεξιώσεις, φιλικές συγκεντρώσεις κ.ά.*

*Η σύνταξη της ύλης και η επιμέλεια της σειράς έγινε από ένα επιτελείο ειδικών που διακρίνονται για την εγκυρότητα, τη σοβαρότητα και την ποιότητα της δουλειάς τους. Στην ελληνική έκδοση, εκτός από την προσεγμένη μετάφραση και τη σωστή απόδοση της ορολογίας, φροντίσαμε –όπου κρίθηκε απαραίτητο– να προσαρμόσουμε τις συνταγές, τα υλικά κτλ. στα ελληνικά δεδομένα, χωρίς να βγούμε από το πνεύμα των βιβλίων και χωρίς να αλλοιώσουμε το περιεχόμενό τους.*

*Σας καλούμε, λοιπόν, να δοκιμάσετε τις συνταγές και τις ιδέες που προτείνουμε και ελπίζουμε να μη διαψεύσουμε τις προσδοκίες σας.*

*Ο εκδότης*
*Αντώνης Μαλλιάρης*

# ΜΕΖΕΔΑΚΙΑ

## ΓΑΡΙΔΕΣ ΚΑΥΤΕΡΕΣ

*Μπορεί να προετοιμαστεί την προηγουμένη.*

**• 20 γαρίδες βρασμένες αξεφλούδιστες • 2 κουταλιές ξερό σέρι • $^1/_4$ φλιτζανιού ελαιόλαδο • 1 $^1/_2$ κουταλιά φρέκο θυμάρι ψιλοκομμένο • 2 κουταλιές σαμπάλ οελέκ**

Ανακατώστε όλα τα υλικά σε μεγάλο μπολ και βάλτε τα στο ψυγείο αρκετές ώρες ή ολόκληρη τη νύχτα.

Ζεστάνετε τις γαρίδες πάνω σε καυτή πλάκα μπάρμπεκιου.

Βγαίνουν 20 κομμάτια.

**Κατάψυξη:** Όχι.

**Φούρνος μικροκυμάτων:** Όχι.

## ΤΟΣΤ ΜΕ ΦΕΤΑ ΚΑΙ ΣΑΛΑΜΙ

*Μπορεί να προετοιμαστεί την προηγουμένη.*

- **1 μεγάλο μπαστούνι ψωμί**
- **200 γρ. τυρί φέτα θρυμματισμένη**
- **1 αυγό ελαφρά χτυπημένο**
- **1 κουταλιά φρέσκος βασιλικός ψιλοκομμένος • ελαιόλαδο**
- **1 κουταλιά σταφίδα σουλτανίνα**
- **250 γρ. σαλάμι Ουγγαρίας**

Κόψτε το ψωμί σε 40 φέτες και πετάξτε τις γωνίες. Ανακατώστε σε μπολ τυρί, αυγό, βασιλικό και σταφίδες. Κόψτε το σαλάμι σε 20 φέτες. Αλείψτε τις φέτες ψωμιού με το μείγμα τυριού και φτιάξτε σάντουιτς τις φέτες του σαλαμιού. Αλείψτε τα σάντουιτς με λάδι και από τις δύο πλευρές και ψήστε στη σχάρα ώσπου να ροδίσουν.
Βγαίνουν 20 κομμάτια.

**Κατάψυξη:** Όχι.

**Φούρνος μικροκυμάτων:** Όχι.

## ΣΟΥΒΛΑΚΙΑ ΚΟΤΟΠΟΥΛΟΥ ΜΕ ΣΑΚΕ

*Ψήστε λίγο πριν σερβίρετε.*

- **10 φρέσκα κρεμμυδάκια**
- **1 κιλό φιλέτο στήθους κοτόπουλου σε κομματάκια • 2 κουταλιές σακέ**
- **1/4 φλιτζανιού σάλτσα σόγιας**
- **1/4 φλιτζανιού νερό**
- **2 κουταλάκια ζάχαρη**

Κόψτε τα κρεμμυδάκια σε κομμάτια 3 εκ. Ανακατώστε σε μπολ κοτόπουλο, φρέσκα κρεμμυδάκια, σάλτσα, σακέ, νερό και ζάχαρη και βάλτε τα στο ψυγείο 2 ώρες. Στραγγίστε το κοτόπουλο και κρατήστε τη μαρινάτα. Περάστε το κοτόπουλο και τα φρέσκα κρεμμυδάκια σε καλαμάκια και ψήστε τα στη σχάρα αλείφοντας κάθε τόσο με τη μαρινάτα.
Βγαίνουν περίπου 16 κομμάτια.

**Κατάψυξη:** Όχι.

**Φούρνος μικροκυμάτων:** Όχι.

## ΧΟΙΡΙΝΕΣ ΣΤΗΘΟΠΛΕΥΡΕΣ ΜΑΡΙΝΑΤΕΣ ΜΕ ΜΕΛΙ

*Μπορεί να προετοιμαστεί την προηγουμένη.*

- **1 1/2 κιλό χοιρινές στηθοπλευρές**

ΜΑΡΙΝΑΤΑ

- **2 κουταλιές ελαφριά σάλτσα σόγιας**
- **1 κουταλιά σάλτσα χοϊσίν**
- **1/2 κουταλάκι μείγμα μπαχαρικών για μπάρμπεκιου • 1 κουταλιά ξύδι**
- **1 μικρή κόκκινη καυτερή πιπεριά ψιλοκομμένη • 1/4 φλιτζανιού κέτσαπ**
- **1 κουταλιά γλυκό σέρι**
- **2 κουταλάκια φρέσκο τζίντζερ τριμμένο • 1/2 φλιτζάνι μέλι**
- **1 σκελίδα σκόρδο πολτοποιημένο**

Χωρίστε τις στηθοπλευρές μία μία. Ανακατώστε τες με τη μαρινάτα σε μπολ και βάλτε τες στο ψυγείο ολόκληρη τη νύχτα. Ψήστε τις στηθοπλευρές και περιχύστε τες με τη μαρινάτα που έμεινε.

**Μαρινάτα:** Ανακατώστε καλά σε μπολ όλα τα υλικά.
Μερίδες 8.

**Κατάψυξη:** Ναι.

**Φούρνος μικροκυμάτων:** Όχι.

*ΑΡΙΣΤΕΡΑ: Αριστερά: Γαρίδες καυτερές.*
*Επάνω δεξιά: Τόστ με φέτα και σαλάμι.*
*Κάτω: Σουβλάκια κοτόπουλου με σακέ.*

*Επάνω: Χοιρινές στηθοπλευρές σε αμερικάνικο στιλ.*
*Κάτω: Χοιρινές στηθοπλευρές μαρινάτες με μέλι.*

## ΧΟΙΡΙΝΕΣ ΣΤΗΘΟΠΛΕΥΡΕΣ ΣΕ ΑΜΕΡΙΚΑΝΙΚΟ ΣΤΙΛ

- **1 1/2 κιλό χοιρινές στηθοπλευρές**
- **1/4 φλιτζανιού λάδι**

ΜΑΡΙΝΑΤΑ

- **2 κουταλάκια ξύσμα λεμονιού**
- **1/4 φλιτζανιού χυμός λεμονιού**
- **1 σκελίδα σκόρδο πολτοποιημένο**
- **1 μικρή κόκκινη καυτερή πιπεριά ψιλοκομμένη • 1 κουταλιά μαύρη ζάχαρη**
- **1 φλιτζάνι χυμός ντομάτας**
- **2 κουταλιές μαϊντανός ψιλοκομμένος**

Χωρίστε τις στηθοπλευρές μία μία. Ανακατώστε τες με τη μαρινάτα σε μπολ και βάλτε τες στο ψυγείο ολόκληρη τη νύχτα. Ζεστάνετε το λάδι πάνω στην πλάκα του μπάρμπεκιου και ψήστε τις στηθοπλευρές ώσπου να μαλακώσουν. Περιχύστε τες με την υπόλοιπη μαρινάτα.

**Μαρινάτα:** Ανακατώστε καλά όλα τα υλικά σε μπολ.
Μερίδες 8.

**Κατάψυξη:** Ναι.

**Φούρνος μικροκυμάτων:** Όχι.

## ΣΟΥΒΛΑΚΙΑ ΜΟΣΧΑΡΙΣΙΑ ΜΕ ΠΑΠΑΓΙΑ ΚΑΙ ΠΙΠΕΡΙΑ

*Καλύτερα να προετοιμαστεί την προηγουμένη.*

- **500 γρ. ψαχνό από κυλότο**
- **1 ώριμο παπάγια**
- **1 πράσινη πιπεριά**

ΜΑΡΙΝΑΤΑ

- **1 κύβος ζωμός κότας θρυμματισμένος**
- **1 φλιτζάνι νερό • 1/4 φλιτζανιού μέλι**
- **1 σκελίδα σκόρδο πολτοποιημένο**
- **1/2 κουταλάκι πιπέρι**
- **1 κουταλάκι φρέσκο τζίντζερ τριμμένο • 1/3 φλιτζανιού κέτσαπ**
- **2 κουταλιές ελαφριά σάλτσα σόγιας**
- **1/2 κουταλάκι κόκκινο πιπέρι**

Κόψτε το κρέας, το παπάγια και την πιπεριά σε μπουκιές, ανακατώστε με τη μαρινάτα σε μπολ και βάλτε τα στο ψυγείο αρκετές ώρες ή ολόκληρη τη νύχτα.

Στραγγίστε το κρέας, το παπάγια και την πιπεριά και κρατήστε τη μαρινάτα. Περάστε κρέας, παπάγια και πιπεριά σε καλαμάκια και ψήστε ώσπου να μαλακώσει το κρέας αλείφοντας κάθε τόσο με τη μαρινάτα.

**Μαρινάτα:** Ανακατώστε καλά σε μπολ όλα τα υλικά.

Βγαίνουν περίπου 12 κομμάτια.

**Κατάψυξη:** Όχι.

**Φούρνος μικροκυμάτων:** Όχι.

## ΧΑΛΟΥΜΙ ΜΑΡΙΝΑΤΟ ΜΕ ΔΥΟΣΜΟ ΚΑΙ ΚΑΡΠΟΥΖΙ

*Το χαλούμι μπορεί να προετοιμαστεί την προηγουμένη.*

- **400 γρ. τυρί χαλούμι**
- **300 γρ. καρπούζι**

ΜΑΡΙΝΑΤΑ

- **1/2 φλιτζάνι άσπρο ξύδι**
- **1/4 φλιτζανιού ελαιόλαδο**
- **1 σκελίδα σκόρδο πολτοποιημένο**
- **1 φλιτζάνι φρέσκος δυόσμος ψιλοκομμένος • 2 κουταλιές ζάχαρη**

Κόψτε το τυρί σε κύβους 2 εκ., ανακατώστε το με τη μαρινάτα σε μπολ και βάλτε το στο ψυγείο αρκετές ώρες ή ολόκληρη τη νύχτα.

Βγάλτε μπαλάκια από το καρπούζι. Στραγγίστε το τυρί και κρατήστε τη μαρινάτα. Ψήστε το τυρί ώσπου να μαλακώσει και να ροδίσει. Περάστε τυρί και καρπούζι σε οδοντογλυφίδες και περιχύστε με τη μαρινάτα πριν σερβίρετε.

**Μαρινάτα:** Χτυπήστε καλά όλα τα υλικά μέσα σε βάζο.

Βγαίνουν περίπου 25 κομμάτια.

**Κατάψυξη:** Όχι.

**Φούρνος μικροκυμάτων:** Όχι.

## ΡΟΛΑ ΜΠΕΪΚΟΝ ΜΕ ΜΗΛΟ

*Καλύτερα να γίνει λίγο πριν σερβίρετε.*

- **1 μήλο**
- **1 σκελίδα σκόρδο πολτοποιημένο**
- **1/2 φλιτζάνι ξερό άσπρο κρασί**
- **8 φέτες μπέικον κομμένες στη μέση**

Κόψτε το μήλο σε 16 κομμάτια. Ανακατώστε μήλο, σκόρδο και κρασί σε μπολ και βάλτε τα στο ψυγείο μερικές ώρες. Στραγγίστε. Τυλίξτε το μήλο στο μπέικον, στερεώστε με οδοντογλυφίδες και ψήστε ώσπου να ροδίσει το μπέικον.

Βγαίνουν 16 κομμάτια.

**Κατάψυξη:** Όχι.

**Φούρνος μικροκυμάτων:** Όχι.

*Επάνω δεξιά: Σουβλάκια μοσχαρίσια με παπάγια και πιπεριά.*
*Αριστερά: Χαλούμι μαρινάτο με δυόσμο και καρπούζι.*
*Κάτω: Ρολά μπέικον με μήλο.*

## ΣΑΛΑΜΙ ΜΑΡΙΝΑΤΟ

*Μπορεί να προετοιμαστεί την προηγουμένη.*

**• 750 σαλάμι αέρος κομμένο σε κύβους**

ΜΑΡΙΝΑΤΑ

**• 1 μικρή κόκκινη καυτερή πιπεριά ψιλοκομμένη • ½ κουταλάκι πιπέρι**
**• 1 σκελίδα σκόρδο πολτοποιημένο**
**• ⅓ φλιτζανιού χυμός λεμονιού**
**• ⅓ φλιτζανιού ελαιόλαδο**
**• 1 κουταλιά ντοματοπολτός**
**• 2 κουταλάκια μουστάρδα με σπόρους**
**• ¼ φλιτζανιού τσάτνεϊ**
**• 1 κουταλιά μαύρη ζάχαρη**

Ανακατώστε σαλάμι και μαρινάτα σε μπολ, σκεπάστε και βάλτε τα στο ψυγείο αρκετές ώρες ή ολόκληρη τη νύχτα. Στραγγίστε το σαλάμι και κρατήστε τη μαρινάτα. Ψήστε το σαλάμι σε καυτή λαδωμένη πλάκα ώσπου να ροδίσει καλά και περιχύστε με τη μαρινάτα.

**Μαρινάτα:** Ανακατώστε καλά όλα τα υλικά σε μπολ.

Μερίδες 6.

**Κατάψυξη:** Όχι.

**Φούρνος μικροκυμάτων:** Όχι.

## ΡΟΛΑ ΚΑΠΝΙΣΤΟΥ ΣΟΛΟΜΟΥ

*Μπορεί να προετοιμαστεί την προηγουμένη.*

**• 15 φέτες καπνιστός σολομός**

ΓΕΜΙΣΗ

**• 125 γρ. τυρί κρέμα μαλακωμένο**
**• ½ κουταλάκι ξύσμα πορτοκαλιού**
**• 2 κουταλάκια πράσινα πιπέρια κονσέρβα, στραγγισμένα, κομμένα**
**• 2 κουταλιές φρέσκο σκορδόπρασο ψιλοκομμένο**
**• 2 κουταλάκια φρέσκο θυμάρι ψιλοκομμένο • ½ κουταλάκι ξύσμα λεμονιού**

Βάλτε ένα φουσκωτό κουταλάκι γέμιση στη μέση κάθε φέτας σολομού, διπλώστε τις άκρες και τυλίξτε τη σε σφιχτό ρολό. Βάλτε τα ρολά στο ψυγείο ώσπου να σφίξουν. Ψήστε τα σε καυτή λαδωμένη πλάκα ώσπου να ροδίσουν ελαφρά.

**Γέμιση:** Ανακατώστε καλά όλα τα υλικά μέσα σε μπολ.

Βγαίνουν 15 κομμάτια.

**Κατάψυξη:** Όχι.

**Φούρνος μικροκυμάτων:** Όχι.

*Αριστερά: Σαλάμι μαρινάτο.*
*Δεξιά: Ρολά καπνιστού σολομού.*

## ΣΟΥΒΛΑΚΙΑ ΑΡΝΙΟΥ ΜΕ ΒΕΡΙΚΟΚΟ

*Μπορεί να προετοιμαστεί την προηγουμένη.*

**• 750 γρ. μπούτι αρνιού χωρίς κόκαλο**
**• 440 γρ. κονσέρβα βερίκοκα στραγγισμένα • 1 κρεμμύδι ψιλοκομμένο**
**• 1 κουταλιά ελαιόλαδο**
**• 1 σκελίδα σκόρδο πολτοποιημένο**
**• ¼ φλιτζανιού σάλτσα σατέ**
**• 2 κουταλάκια σκόνη κάρυ**
**• 2 κουταλιές άσπρο ξύδι**
**• ¼ φλιτζανιού μέλι**
**• 1 κουταλιά ελαφριά σάλτσα σόγιας**
**• ¼ φλιτζανιού ινδοκάρυδο**
**• 1 κουταλιά χυμός λεμονιού**

Κόψτε το αρνί σε κύβους 2 εκ. Πολτοποιήστε τα βερίκοκα με το κρεμμύδι. Ανακατώστε το κρέας με το μείγμα βερίκοκου και τα υπόλοιπα υλικά σε μπολ, σκεπάστε και βάλτε τα στο ψυγείο αρκετές ώρες. Περάστε το κρέας σε καλαμάκια και ψήστε το ώσπου να μαλακώσει, αλείφοντας κάθε τόσο με τη μαρινάτα.

Βγαίνουν περίπου 25 κομμάτια.

**Κατάψυξη:** Όχι.

**Φούρνος μικροκυμάτων:** Όχι.

## ΠΑΤΑΤΟΚΕΦΤΕΔΕΣ ΜΕ ΚΡΕΜΑ ΓΑΛΑΚΤΟΣ ΚΑΙ ΚΑΠΝΙΣΤΟ ΧΕΛΙ

*Οι πατατοκεφτέδες να γίνουν λίγο πριν σερβίρετε.*

**• 30 γρ. βούτυρο • 1 κουταλιά λάδι**
**• 1 κρεμμύδι ψιλοκομμένο**
**• 1 κουταλάκι σπόροι κύμινου σπασμένοι • 15 γρ. βούτυρο επιπλέον**
**• ¼ φλιτζανιού ξινή κρέμα γάλακτος**
**• 150 γρ. καπνιστό χέλι σε κομματάκια**
**• 1 κουταλιά σκορδόπρασο ψιλοκομμένο • 2 παλιές πατάτες τριμμένες**

Ζεστάνετε το λάδι σε τηγάνι και σωτάρετε το κρεμμύδι. Προσθέστε την πατάτα και το κύμινο και ανακατώστε ώσπου να αρχίσει η πατάτα να κολλάει. Αφήστε να κρυώσει. Ζεστάνετε το επιπλέον βούτυρο και το λάδι πάνω στην πλάκα του μπάρμπεκιου. Πλάστε φουσκωτά κουταλάκια μείγμα πατάτας σε πλατιά κεφτεδάκια με βρεγμένα δάχτυλα. Ψήστε τα στην πλάκα ώσπου να ροδίσουν ελαφρά. Σερβίρετε βάζοντας στο καθένα κρέμα γάλακτος, χέλι και σκορδόπρασο.

Βγαίνουν περίπου 30 κομμάτια.

**Κατάψυξη:** Όχι.

**Φούρνος μικροκυμάτων:** Όχι.

*ΔΕΞΙΑ: Επάνω: Σουβλάκια αρνιού με βερίκοκο. Κάτω: Πατατοκεφτέδες με κρέμα γάλακτος και καπνιστό χέλι.*

## ΡΟΛΑ ΚΟΛΟΚΥΘΑΚΙ ΜΕ ΧΤΕΝΙΑ ΚΑΙ ΣΑΛΤΣΑ ΣΑΤΕ

*Μπορεί να προετοιμαστεί την προηγουμένη.*

**• 500 γρ. χτένια • 2 κολοκυθάκια**
**• 2/3 φλιτζανιού γάλα ινδοκάρυδου**
**• 1/3 φλιτζανιού χυμός λεμονιού**
**• 1/2 κουταλάκι γκαράμ μασάλα**
**• 1 σκελίδα σκόρδο πολτοποιημένο**

ΣΑΛΤΣΑ ΣΑΤΕ

**• 1/3 φλιτζανιού μαλακό φιστικοβούτυρο**
**• 1/3 φλιτζανιού σάλτσα χοϊσίν**
**• 1/2 κουταλάκι κύμινο αλεσμένο**

Ανακατώστε σε μπολ χτένια, γάλα ινδοκάρυδου, χυμό λεμονιού, γκαράμ μασάλα και σκόρδο και βάλτε τα στο ψυγείο αρκετές ώρες. Κόψτε τα κολοκυθάκια σε πολύ λεπτές φέτες κατά μήκος. Στραγγίστε τα χτένια και κρατήστε τη μαρινάτα για τη σάλτσα. Τυλίξτε κάθε χτένι σε μία φέτα κολοκυθάκι και στερεώστε με οδοντογλυφίδα. Ψήστε τα ρολά πάνω σε καυτή βουτυρωμένη πλάκα μπάρμπεκιου και σερβίρετε με τη σάλτσα σατέ.

**Σάλτσα σατέ:** Ανακατώστε σε κατσαρόλι φιστικοβούτυρο, σάλτσα, κύμινο και τη μαρινάτα και ζεστάνετε ανακατώνοντας.
Βγαίνουν περίπου 24 κομμάτια.

**Κατάψυξη:** Όχι.

**Φούρνος μικροκυμάτων:** Όχι.

## ΦΤΕΡΟΥΓΕΣ ΜΕ ΛΕΜΟΝΙ ΚΑΙ ΤΖΙΝΤΖΕΡ

*Μπορεί να προετοιμαστεί την προηγουμένη.*

**• 1/3 φλιτζανιού μέλι**
**• 2 κουταλιές πράσινο κρασί τζίντζερ**
**• 1 κουταλιά φρέσκο τζίντζερ τριμμένο • 3 κιλά φτερούγες κοτόπουλου**
**• 1 κουταλιά φρέσκος δυόσμος ψιλοκομμένος • 1 κουταλιά ξύσμα λεμονιού**
**• 1 κύβος ζωμός κότας θρυμματισμένος • 1/2 φλιτζάνι χυμός λεμονιού**

Αφαιρέστε τα δύο μικρότερα τμήματα από τις φτερούγες. Ανακατώστε τα μεγάλα τμήματα με το ξύσμα, το χυμό, το μέλι, το κρασί, το τζίντζερ, το δυόσμο και τον κύβο. Σκεπάστε τα και βάλτε τα στο ψυγείο αρκετές ώρες ανακατώνοντας κάθε τόσο. Ψήστε τις φτερούγες στη σχάρα ώσπου να ροδίσουν καλά αλείφοντας κάθε τόσο με τη μαρινάτα.
Βγαίνουν περίπου 30 κομμάτια.

**Κατάψυξη:** Ναι.

**Φούρνος μικροκυμάτων:** Ναι.

*Αριστερά: Ρολά κολοκυθάκι με χτένια και σάλτσα σατέ. Δεξιά: Φτερούγες με λεμόνι και τζίντζερ.*

## ΚΟΛΟΚΥΘΟΚΕΦΤΕΔΕΣ ΜΕ ΚΑΒΟΥΡΙ

*Καλύτερα να γίνει λίγο πριν σερβίρετε.*

**• 3/4 φλιτζανιού αλεύρι που φουσκώνει**
**• 1 αυγό • 1 φλιτζάνι βρασμένο ρύζι**
**• 250 γρ. καβούρι κονσέρβα στραγγισμένο • 1 φλιτζάνι γάλα**
**• 2 κουταλιές φρέσκος κολίανδρος ψιλοκομμένος • 1 κολοκυθάκι τριμμένο**

Κοσκινίστε το αλεύρι σε μπολ, κάντε ένα κοίλωμα στη μέση και ανακατώστε λίγο λίγο το αυγό ανακατωμένο με το γάλα. Ανακατώστε ώσπου να γίνει ομοιόμορφος χυλός. Ανακατώστε μέσα το ρύζι, το καβούρι, το κολοκυθάκι και τον κολίανδρο. Ρίξτε κοφτές κουταλιές μείγμα πάνω σε καυτή λαδωμένη πλάκα και ψήστε ώσπου να ροδίσουν και από τις δύο πλευρές.
Βγαίνουν περίπου 25 κομμάτια.

**Κατάψυξη:** Όχι.

**Φούρνος μικροκυμάτων:** Όχι.

## ΜΑΝΙΤΑΡΙΑ ΓΕΜΙΣΤΑ ΜΕ ΤΥΡΙ

*Μπορείτε να γεμίσετε τα μανιτάρια 3 ώρες νωρίτερα.*

**• 100 γρ. ζαμπόν ψιλοκομμένο**
**• 1 κουταλιά φρέσκα κρεμμυδάκια ψιλοκομμένα • 30 μικρά μανιτάρια**
**• 1/3 φλιτζανιού πικάντικο τυρί τριμμένο • μια πρέζα πιπέρι καγιέν**
**• 1/4 φλιτζανιού παλιό ψωμί τριμμένο**
**• 1/4 κουταλάκι ξερό εστραγκόν**

Αφαιρέστε τους μίσχους από τα μανιτάρια και ψιλοκόψτε τους. Ανακατώστε τους με τα υπόλοιπα υλικά, γεμίστε τα μανιτάρια με το μείγμα και ψήστε τα ώσπου να μαλακώσουν.
Βγαίνουν 30 κομμάτια.

**Κατάψυξη:** Όχι.

**Φούρνος μικροκυμάτων:** Όχι.

*Επάνω: Κολοκυθοκεφτέδες με καβούρι. Κάτω: Μανιτάρια γεμιστά με τυρί.*

## ΣΟΥΒΛΑΚΙΑ ΚΑΠΝΙΣΤΗΣ ΓΑΛΟΠΟΥΛΑΣ

*Μπορεί να γίνει την προηγουμένη.*

**• 30 πολύ μικρές πατάτες**
**• 500 γρ. καπνιστή γαλοπούλα κομμένη σε μπουκιές • 10 φρέσκα κρεμμυδάκια**
**• 500 γρ. κερασοντομάτες**

ΜΑΡΙΝΑΤΑ

**• 1/4 φλιτζανιού λάδι**
**• 1/4 φλιτζανιού μέλι**
**• 1 κουταλιά χυμός λεμονιού**
**• 2 σκελίδες σκόρδο πολτοποιημένο**

Βράστε τις πατάτες ώσπου να μαλακώσουν, στραγγίστε, αφήστε να κρυώσουν και κόψτε τες στη μέση. Κόψτε τα φρέσκα κρεμμυδάκια σε κομμάτια 2 εκ. Περάστε σε καλαμάκια πατάτες, φρέσκα κρεμμυδάκια, γαλοπούλα και ντομάτες. Βάλτε τα σουβλάκια σε ρηχό σκεύος, περιχύστε με τη μαρινάτα και βάλτε τα στο ψυγείο αρκετές ώρες ή ολόκληρη τη νύχτα γυρνώντας τα κάθε τόσο.
Ψήστε τα σουβλάκια ώσπου να μαλακώσουν αλείφοντας κάθε τόσο με τη μαρινάτα.

**Μαρινάτα:** Ανακατώστε καλά όλα τα υλικά μέσα σε μπολ.
Βγαίνουν 30 κομμάτια.

**Κατάψυξη:** Όχι.

**Φούρνος μικροκυμάτων:** Όχι.

## ΣΤΡΕΙΔΙΑ ΜΕ ΒΟΥΤΥΡΟ ΜΠΕΪΚΟΝ

*Το βούτυρο καλύτερα να γίνει την προηγουμένη.*

**• 125 γρ. βούτυρο • 1 κουταλιά κέτσαπ**
**• 2 κουταλιές σάλτσα γουόρστερσάιρ**
**• 2 κουταλιές μαϊντανός ψιλοκομμένος**
**• 24 στρείδια με το κέλυφος**
**• 3 φέτες μπέικον ψιλοκομμένες**

Χτυπήστε το βούτυρο σε μπολ και ανακατώστε μέσα τις σάλτσες και το μαϊντανό. Τηγανίστε το μπέικον να ξεροψηθεί, στραγγίστε και αφήστε να κρυώσει. Ανακατώστε το μπέικον στο βούτυρο και βάλτε τα στο ψυγείο μερικές ώρες. Βάλτε ένα γεμάτο κουταλάκι βούτυρο πάνω σε κάθε στρείδι και ψήστε ώσπου να λιώσει το βούτυρο.
Βγαίνουν 24 κομμάτια.

**Κατάψυξη:** Όχι.

**Φούρνος μικροκυμάτων:** Όχι.

*ΔΕΞΙΑ: Επάνω: Στρείδια με βούτυρο μπέικον. Κάτω: Σουβλάκια καπνιστής γαλοπούλας.*

## ΦΤΕΡΟΥΓΕΣ ΜΠΑΛΑΚΙ

*Μπορεί να προετοιμαστεί την προηγουμένη.*

- **1 κιλό φτερούγες κοτόπουλου**

ΜΑΡΙΝΑΤΑ
- **4 φρέσκα κρεμμυδάκια ψιλοκομμένα**
- **½ φλιτζάνι πράσινο κρασί τζίντζερ**
- **¼ φλιτζανιού ελαφριά σάλτσα σόγιας**
- **¼ φλιτζανιού σκούρη σάλτσα σόγιας**
- **1 κουταλιά μαύρη ζάχαρη**

Αφαιρέστε το ακραίο τμήμα από τις φτερούγες και κρατήστε το για σούπα. Κόψτε τις φτερούγες στην επόμενη άρθρωση. Κρατώντας το κόκαλο από το μικρό μέρος του, κόψτε το κρέας γύρω γύρω για να ελευθερωθεί από το κόκαλο. Ξύστε και σπρώξτε το κρέας προς την άλλη άκρη του κόκαλου (τα μισά κομμάτια θα έχουν κι ένα δεύτερο λεπτό κόκαλο, που πρέπει να αφαιρέσετε).

Σπρώξτε με τα δάχτυλά σας κρέας και πέτσα ώστε να μαζευτεί στην άκρη του κόκαλου σαν μπαλάκι. Βάλτε τις φτερούγες στη μαρινάτα και βάλτε τες στο ψυγείο αρκετές ώρες ή ολόκληρη τη νύχτα. Ψήστε ώσπου να μαλακώσουν.

**Μαρινάτα:** Ανακατώστε καλά όλα τα υλικά μέσα σε μπολ.
Μερίδες 6.

**Κατάψυξη:** Ναι.

**Φούρνος μικροκυμάτων:** Ναι.

## ΣΟΥΒΛΑΚΙΑ ΧΟΙΡΙΝΑ ΜΕ ΕΛΙΕΣ

*Μπορεί να προετοιμαστεί την προηγουμένη.*

- **1 κιλό χοιρινό κομμένο σε μπουκιές**
- **1 ½ φλιτζάνι (180 γρ.) πράσινες ελιές γεμιστές με πιπεριά**

ΜΑΡΙΝΑΤΑ
- **¼ φλιτζανιού ελαιόλαδο**
- **2 κουταλάκια φρέσκο λεμονόχορτο ψιλοκομμένο**
- **2 κουταλιές φρέσκος κολίανδρος ψιλοκομμένος**
- **1 κουταλάκι ξύσμα λεμονιού**
- **¼ φλιτζανιού χυμός λεμονιού**
- **1 κουταλάκι πιπέρι**
- **1 κουταλιά ντοματοπολτός**
- **2 κουταλάκια ζάχαρη**

Περάστε κρέας και ελιές σε καλαμάκια. Βάλτε τα σουβλάκια στη μαρινάτα και βάλτε τα στο ψυγείο αρκετές ώρες ή ολόκληρη τη νύχτα.

Ψήστε τα σε καυτή λαδωμένη πλάκα ώσπου να μαλακώσουν και περιχύστε με τη μαρινάτα.

**Μαρινάτα:** Ανακατώστε καλά όλα τα υλικά μέσα σε ρηχό σκεύος.
Βγαίνουν περίπου 30 κομμάτια.

**Κατάψυξη:** Όχι.

**Φούρνος μικροκυμάτων:** Όχι.

## ΜΥΔΙΑ ΒΟΥΤΥΡΟΥ ΜΕ ΠΙΠΕΡΙ ΚΑΙ ΜΥΡΩΔΙΚΑ

*Το βούτυρο μπορεί να γίνει 3 μέρες νωρίτερα.*

- **1 κιλό μύδια με το όστρακο**

ΒΟΥΤΥΡΟ ΜΕ ΠΙΠΕΡΙ ΚΑΙ ΜΥΡΩΔΙΚΑ
- **125 γρ. βούτυρο μαλακό**
- **1 κουταλιά πράσινα πιπέρια κονσέρβα, στραγγισμένα, σπασμένα**
- **2 κουταλιές μαϊντανός ψιλοκομμένος**
- **1 κουταλιά σκορδόπρασο ψιλοκομμένο**
- **2 κουταλάκια ξύσμα λεμονιού**

Βάλτε τα μύδια σε κατσαρόλα, σκεπάστε με κρύο νερό και αφήστε να πάρουν βράση. Στραγγίστε. Αφαιρέστε τα μουστάκια και το μισό κέλυφος. Αλείψτε κάθε μύδι με το βούτυρο, βάλτε τα σε ταψί και βάλτε τα στο ψυγείο 1 ώρα. Ψήστε τα μύδια σε καυτή πλάκα μπάρμπεκιου με τη βουτυρωμένη πλευρά προς τα κάτω.

**Βούτυρο με πιπέρι και μυρωδικά:** Ανακατώστε καλά όλα τα υλικά μέσα σε μπολ.
Μερίδες 6.

**Κατάψυξη:** Όχι.

**Φούρνος μικροκυμάτων:** Όχι.

*Επάνω αριστερά: Σουβλάκια χοιρινά με ελιές.*
*Επάνω δεξιά: Φτερούγες μπαλάκι.*
*Κάτω: Μύδια βουτύρου με πιπέρι και μυρωδικά.*

## ΣΤΡΕΙΔΙΑ ΜΕ ΒΟΥΤΥΡΟ ΠΟΡΤΟΚΑΛΙΟΥ

*Το βούτυρο μπορεί να γίνει 3 μέρες νωρίτερα. Ψήστε τα στρείδια πριν σερβίρετε.*

- **125 γρ. βούτυρο**
- **2 κουταλιές λικέρ Γκραν Μαρνιέ**
- **1 κουταλάκι ξύσμα πορτοκαλιού**
- **1 κουταλιά σκορδόπρασο ψιλοκομμένο**
- **24 στρείδια με το όστρακο**

Ανακατώστε βούτυρο, λικέρ, ξύσμα και σκορδόπρασο, βάλτε τα πάνω στην πλάκα του μπάρμπεκιου και ανακατώστε ώσπου να λιώσει το βούτυρο. Βάλτε πάνω στην πλάκα τα στρείδια με το όστρακο, βάλτε στο καθένα λίγο λιωμένο βούτυρο και ψήστε ελαφρά ώσπου να βράσει το βούτυρο.
Μερίδες 6.

**Κατάψυξη:** Όχι.

**Φούρνος μικροκυμάτων:** Όχι.

## ΚΕΦΤΕΔΑΚΙΑ ΣΟΥΒΛΑΚΙ ΜΕ ΚΟΛΟΚΥΘΑΚΙ

*Μπορεί να προετοιμαστεί 3 ώρες νωρίτερα.*

- **1 κρεμμύδι ψιλοκομμένο**
- **1/4 φλιτζανιού κουκουνάρι κοπανισμένο** • **1/2 φλιτζάνι πλιγούρι**
- **1/4 φλιτζανιού μαϊντανός ψιλοκομμένος** • **500 γρ. κιμάς μοσχαρίσιος**
- **2 κουταλάκια φρέσκος δυόσμος ψιλοκομμένος**
- **1/2 κουταλάκι ξερή ρίγανη**
- **1/4 κουταλάκι ξερός βασιλικός**
- **1/4 κουταλάκι κανέλα αλεσμένη**
- **1 αυγό ελαφρά χτυπημένο**
- **2 κολοκυθάκια σε φέτες**

ΓΛΑΣΟ ΔΥΟΣΜΟΥ

- **1/2 φλιτζάνι ζελέ δυόσμου**
- **1/4 φλιτζανιού νερό**

Βάλτε το πλιγούρι σε μπολ με κρύο νερό, μουσκέψτε 1 ώρα και στραγγίστε καλά. Ζυμώστε πλιγούρι, κιμά, κρεμμύδι, κουκουνάρι, μυρωδικά, κανέλα και αυγό και πλάστε μπαλάκια 2 εκ. Περάστε σε καλαμάκι κεφτεδάκια και κολοκυθάκι εναλλάξ και ψήστε αλείφοντας κάθε τόσο με γλάσο δυόσμου.

**Γλάσο δυόσμου:** Ανακατώστε σε κατσαρόλι ζελέ και νερό και ζεστάνετε ώσπου να λιώσει το ζελέ.
Βγαίνουν περίπου 24 κομμάτια.

**Κατάψυξη:** Όχι.

**Φούρνος μικροκυμάτων:** Όχι.

## ΡΟΛΑ ΚΑΠΝΙΣΤΟΥ ΤΥΡΙΟΥ

*Μπορεί να προετοιμαστεί 3 ώρες νωρίτερα.*

- **80 γρ. φέτες παστράμι**
- **250 γρ. καπνιστό τυρί**

Κόψτε το παστράμι σε λωρίδες. Κόψτε το τυρί σε κύβους 1 εκ. Τυλίξτε το τυρί με παστράμι, στερεώστε με οδοντογλυφίδες και ψήστε ώσπου να ξεροψηθεί το παστράμι.
Μερίδες 6.

**Κατάψυξη:** Όχι.

**Φούρνος μικροκυμάτων:** Όχι.

*Επάνω: Κεφτεδάκια σουβλάκι με κολοκυθάκι.*
*Δεξιά κάτω: Ρολά καπνιστού τυριού.*
*Αριστερά κάτω: Στρείδια με βούτυρο πορτοκαλιού.*

## ΡΟΛΑ ΧΟΙΡΙΝΟΥ ΜΕ ΜΑΝΙΤΑΡΙΑ

*Μπορεί να προετοιμαστεί την προηγουμένη.*

- **4 μεγάλα ξερά κινέζικα μανιτάρια**
- **200 γρ. χοιρινό ψητό, ψιλοκομμένο**
- **4 φρέσκα κρεμμυδάκια ψιλοκομμένα**
- **2 κουταλιές ξερό σέρι**
- **1 κουταλιά σάλτσα στρειδιού**
- **10 φύλλα γουόντον**

Μουσκέψτε τα μανιτάρια σε βραστό νερό 2′ και στραγγίστε τα. Πετάξτε τους μίσχους και κόψτε τα σε κομμάτια. Χτυπήστε στο μπλέντερ μανιτάρια, χοιρινό και φρέσκα κρεμμυδάκια ώσπου να γίνουν κιμάς. Ανακατώστε μέσα σέρι και σάλτσα.

Κόψτε κάθε φύλλο στα 4, βάλτε 2 φουσκωτά κουταλάκια γέμιση διαγώνια στο κάθε κομμάτι, υγράνετε τις άκρες με νερό και τυλίξτε σφιχτά. Ψήστε σε καυτή βουτυρωμένη πλάκα μπάρμπεκιου ώσπου να ροδίσουν ελαφρά.

Βγαίνουν 40 κομμάτια.

**Κατάψυξη:** Ναι.

**Φούρνος μικροκυμάτων:** Όχι.

## ΜΕΛΙΤΖΑΝΑ ΚΑΙ ΜΑΓΙΟΝΕΖΑ ΣΚΟΡΔΑΤΗ ΜΕ ΜΥΡΩΔΙΚΑ

*Η μελιτζάνα μπορεί να προετοιμαστεί 1 ώρα πριν σερβίρετε. Η μαγιονέζα μπορεί να γίνει 2 μέρες νωρίτερα.*

- **2 μελιτζάνες**
- **χοντρό αλάτι**
- **αλεύρι**
- **15 γρ. βούτυρο**
- **1 κουταλάκι λάδι**

ΜΑΓΙΟΝΕΖΑ ΣΚΟΡΔΑΤΗ ΜΕ ΜΥΡΩΔΙΚΑ

- **2 κρόκοι αυγών**
- **2 κουταλιές άσπρο ξύδι**
- **1 σκελίδα σκόρδο πολτοποιημένο**
- **1 φλιτζάνι λάδι**
- **2 κουταλάκια μαϊντανός ψιλοκομμένος**
- **2 κουταλάκια σκορδόπρασο ψιλοκομμένο**
- **2 κουταλάκια φρέσκος βασιλικός ψιλοκομμένος**
- **2 κουταλάκια πράσινα πιπέρια κονσέρβα σπασμένα**

Ξεφλουδίστε τις μελιτζάνες και κόψτε τες σε λωρίδες 5 εκ. Πασπαλίστε με το αλάτι και αφήστε τες 30′. Ξεπλύνετε καλά με τρεχούμενο κρύο νερό και στεγνώστε τες με απορροφητικό χαρτί. Αλευρώστε και τινάξτε να φύγει το περίσσιο αλεύρι. Ζεστάνετε βούτυρο και λάδι στην πλάκα του μπάρμπεκιου και ψήστε ώσπου να ροδίσουν και από τις δύο πλευρές. Σερβίρετε με τη σκορδάτη μαγιονέζα.

**Μαγιονέζα σκορδάτη με μυρωδικά:** Χτυπήστε στο μπλέντερ κρόκους, ξύδι και σκόρδο. Ρίξτε το λάδι λίγο λίγο χτυπώντας συνεχώς. Μεταφέρετέ τα σε μπολ και ανακατώστε μέσα μυρωδικά και πιπέρια. Βάλτε τα στο ψυγείο πριν σερβίρετε.

Μερίδες 6.

**Κατάψυξη:** Όχι.

**Φούρνος μικροκυμάτων:** Όχι.

*Επάνω: Ρολά χοιρινού με μανιτάρια.*
*Κάτω: Μελιτζάνα και μαγιονέζα σκορδάτη με μυρωδικά.*

## ΛΟΥΚΑΝΙΚΑΚΙΑ ΚΡΑΣΑΤΑ

*Μπορεί να γίνει την προηγουμένη.*

- **1 κιλό λουκανικάκια**
- **1/2 φλιτζάνι νερό**
- **2 κουταλιές κορνφλάουρ**
- **1 κουταλιά νερό επιπλέον**

ΜΑΡΙΝΑΤΑ

- **1 φλιτζάνι σάλτσα δαμάσκηνου**
- **2 κουταλιές ξερό κρασί**
- **1 κουταλιά σάλτσα σόγιας**
- **2 κουταλάκια σάλτσα χοϊσίν**
- **1 κουταλάκι σουσαμέλαιο**
- **1 κουταλάκι φρέσκο τζίντζερ τριμμένο**
- **1 σκελίδα σκόρδο πολτοποιημένο**
- **1/2 κουταλάκι μπούκοβο**

Ανακατώστε σε μπολ λουκανικάκια και μαρινάτα και βάλτε τα στο ψυγείο αρκετές ώρες ή ολόκληρη τη νύχτα.

Στραγγίστε τα λουκάνικα και κρατήστε την μαρινάτα. Ψήστε τα λουκάνικα. Ανακατώστε σε κατσαρόλι τη μαρινάτα με το νερό και ζεστάνετε ανακατώνοντας ώσπου να βράσει. Διαλύστε το κορνφλάουρ στο επιπλέον νερό, ανακατώστε το στη σάλτσα και ζεστάνετε ανακατώνοντας ώσπου να πηχτώσει. Σερβίρετε τη σάλτσα με τα λουκανικάκια.

**Μαρινάτα:** Ανακατώστε καλά όλα τα υλικά μέσα σε μπολ.
Μερίδες 6.

**Κατάψυξη:** Όχι.

**Φούρνος μικροκυμάτων:** Όχι.

## ΚΑΛΑΜΑΡΑΚΙΑ ΚΑΥΤΕΡΑ

*Μπορεί να γίνει την προηγουμένη.*

- **2 μεγάλα καλαμάρια χωρίς κεφάλι**
- **1/4 φλιτζανιού μαϊντανός ψιλοκομμένος**

ΜΑΡΙΝΑΤΑ

- **1/4 φλιτζανιού χυμός λεμονιού**
- **1 κουταλιά λάδι**
- **2 κουταλάκια μαύρη ζάχαρη**
- **1/2 κουταλάκι σκόνη μουστάρδας**
- **1/4 κουταλάκι σάλτσα ταμπάσκο**

Κόψτε τα καλαμάρια κατά μήκος σε λωρίδες 1 εκ. και περάστε τες σε οδοντογλυφίδες. Ανακατώστε καλαμάρια και μαρινάτα σε μπολ και βάλτε τα στο ψυγείο αρκετές ώρες ή ολόκληρη τη νύχτα. Ψήστε τα καλαμάρια στη σχάρα αλείφοντας με τη μαρινάτα. Πασπαλίστε με μαϊντανό πριν σερβίρετε.

**Μαρινάτα:** Ανακατώστε καλά όλα τα υλικά μέσα σε μπολ.
Βγαίνουν περίπου 24 κομμάτια.

**Κατάψυξη:** Όχι.

**Φούρνος μικροκυμάτων:** Όχι.

## ΣΟΥΒΛΑΚΙΑ ΚΟΤΟΠΟΥΛΟΥ ΜΕ ΚΑΡΠΟΥΖΙ

*Μπορεί να γίνει την προηγουμένη.*

- **2 φιλέτα στήθους κοτόπουλου κομμένα για σουβλάκι**
- **1 κουταλάκι ξύσμα λεμονιού**
- **1 κουταλιά χυμός λεμονιού**
- **1/2 κουταλάκι ζάχαρη**
- **1/2 κουταλάκι κολίανδρος αλεσμένος**
- **1 κουταλιά ελαιόλαδο**
- **300 γρ. καρπούζι κομμένο σε μπουκιές**

Ανακατώστε κοτόπουλο, ξύσμα, χυμό, ζάχαρη, κολίανδρο και λάδι σε μπολ και βάλτε τα στο ψυγείο αρκετές ώρες ή ολόκληρη τη νύχτα.

Περάστε το κοτόπουλο σε καλαμάκια και ψήστε ώσπου να μαλακώσει. Περάστε το καρπούζι στα σουβλάκια πριν σερβίρετε.

Βγαίνουν περίπου 12 κομμάτια.

**Κατάψυξη:** Όχι.

**Φούρνος μικροκυμάτων:** Όχι.

*Επάνω: Καλαμαράκια καυτερά. Λουκανικάκια κρασάτα.*
*Κάτω: Σουβλάκια κοτόπουλου με καρπούζι.*

## ΠΙΚΑΝΤΙΚΑ ΝΤΟΛΜΑΔΑΚΙΑ

*Μπορεί να προετοιμαστεί την προηγουμένη.*

- **1/2 φλιτζάνι ρύζι νυχάκι**
- **1/4 φλιτζανιού κουκουνάρι**
- **1 κουταλάκι κολίανδρος αλεσμένος**
- **1 κουταλάκι κύμινο αλεσμένο**
- **1/2 κουταλάκι κάρδαμο αλεσμένο**
- **1/2 κουταλάκι κόκκινο πιπέρι**
- **1 κουταλιά σάλτσα σόγιας**
- **1 κουταλιά φρέσκος κολίανδρος ψιλοκομμένος • 1 κουταλιά λάδι**
- **200 γρ. αμπελόφυλλα σε άλμη**

Βράστε το ρύζι και στραγγίστε το. Ζεστάνετε το λάδι σε κατσαρόλα, ανακατώστε μέσα το κουκουνάρι, τον αλεσμένο κολίανδρο, το κύμινο, το κάρδαμο και το πιπέρι. Σωτάρετε ανακατώνοντας ώσπου να ροδίσει το κουκουνάρι. Ανακατώστε μέσα ρύζι και σάλτσα. Ανακατώστε το φρέσκο κολίανδρο και αφήστε να κρυώσει.

Πλύνετε καλά τα αμπελόφυλλα και στεγνώστε τα με απορροφητικό χαρτί. Βάλτε ένα γεμάτο κουταλάκι γέμιση στη μέση κάθε φύλλου, διπλώστε τις άκρες και τυλίξτε σφιχτά. Στερεώστε με οδοντογλυφίδες. Ψήστε τα ντολμαδάκια σε καυτή λαδωμένη πλάκα μπάρμπεκιου.

Βγαίνουν περίπου 30 κομμάτια.

**Κατάψυξη:** Όχι.

**Φούρνος μικροκυμάτων:** Όχι.

## ΜΠΟΥΚΙΕΣ ΚΟΤΟΠΟΥΛΟΥ ΜΕ ΣΥΚΟ

*Καλύτερα να ψηθούν λίγο πριν σερβίρετε.*

- **4 φιλέτα στήθους κοτόπουλου σε μπουκιές • 2 κουταλιές ξερό σέρι**
- **250 γρ. ξερά σύκα κομμένα στα 4**
- **1/2 φλιτζάνι ελαφριά σάλτσα σόγιας**
- **1 κουταλάκι ξύσμα πορτοκαλιού**
- **1/4 φλιτζανιού χυμός πορτοκαλιού**

Ανακατώστε καλά όλα τα υλικά μέσα σε μπολ και βάλτε τα στο ψυγείο 2 ώρες. Στραγγίστε κοτόπουλο και σύκα και περάστε τα σε οδοντογλυφίδες. Ψήστε ώσπου να μαλακώσει το κοτόπουλο αλείφοντας με τη μαρινάτα.

Βγαίνουν περίπου 30 κομμάτια.

**Κατάψυξη:** Όχι.

**Φούρνος μικροκυμάτων:** Όχι.

## ΤΗΓΑΝΙΤΕΣ ΚΑΛΑΜΠΟΚΙΟΥ ΜΕ ΒΟΥΤΥΡΟ ΠΑΠΡΙΚΑΣ

*Ο χυλός μπορεί να γίνει 1 ώρα νωρίτερα. Το βούτυρο μπορεί να γίνει 3 μέρες νωρίτερα.*

- **130 γρ. κονσέρβα καλαμπόκι στραγγισμένο • 1/4 φλιτζανιού γάλα**
- **130 γρ. κονσέρβα κρέμα καλαμποκιού • 1 αυγό ελαφρά χτυπημένο**
- **3/4 φλιτζανιού αλεύρι που φουσκώνει**
- **2 αγγουράκια τουρσί σε φέτες**

ΒΟΥΤΥΡΟ ΠΑΠΡΙΚΑΣ

- **45 γρ. βούτυρο**
- **1 κουταλάκι ντοματοπολτός**
- **1/2 κουταλάκι πάπρικα**

Ανακατώστε τα καλαμπόκια με το αυγό σε μπολ, ανακατώστε μέσα σε δύο δόσεις το αλεύρι κοσκινισμένο και το γάλα. Αφήστε τα 15′. Ρίξτε γεμάτα κουταλάκια χυλό σε καυτή λαδωμένη πλάκα μπάρμπεκιου και ροδίστε και από τις δύο πλευρές. Σερβίρετε με αγγουράκι και βούτυρο πάπρικας.

**Βούτυρο πάπρικας:** Ανακατώστε σε μπολ βούτυρο, ντοματοπολτό και πάπρικα ώσπου να γίνουν ομοιόμορφο μείγμα. Βάλτε το βούτυρο σε σακούλα ζαχαροπλαστικής με αστεράκι και φτιάξτε μικρά αστεράκια πάνω σε λαδόχαρτο. Βάλτε τα στο ψυγείο ώσπου να σφίξουν.

Βγαίνουν περίπου 30 κομμάτια.

**Κατάψυξη:** Όχι.

**Φούρνος μικροκυμάτων:** Όχι.

## ΨΑΡΟΚΕΦΤΕΔΑΚΙΑ ΚΑΙ ΓΙΑΟΥΡΤΙ ΜΕ ΚΟΛΙΑΝΔΡΟ

*Τα κεφτεδάκια μπορούν να προετοιμαστούν 3 ώρες νωρίτερα. Το γιαούρτι 2 μέρες νωρίτερα.*

- **375 γρ. φιλέτα ψαριού • αλεύρι**
- **1 κουταλιά σάλτσα στρειδιού**
- **2 κουταλάκια ζάχαρη**

*Επάνω: (δεξιά) Πικάντικα ντολμαδάκια. (αριστερά) Μπουκιές κοτόπουλου με σύκο.*
*Κάτω: Τηγανίτες καλαμποκιού με βούτυρο πάπρικας.*

*Κάτω: Πατάτες με μαγιονέζα σκορδάτη. Επάνω:(δεξιά) Γαρίδες σουβλάκι με σόγια. (αριστερά) Ψαροκεφτεδάκια και γιαούρτι με κολίανδρο.*

**• 1 κουταλιά φρέσκος κολίανδρος ψιλοκομμένος • 1 κουταλάκι πάπρικα**
**• 1 κουταλάκι ξύσμα λεμονιού**
**• 1 σκελίδα σκόρδο πολτοποιημένο**
**• 2 κουταλάκια φρέσκο τζίντζερ τριμμένο • 1/4 φλιτζανιού λάδι (περίπου)**
**• 3 φρέσκα κρεμμυδάκια ψιλοκομμένα**

ΓΙΑΟΥΡΤΙ ΜΕ ΚΟΛΙΑΝΔΡΟ

**• 2 κουταλιές φρέσκος κολίανδρος ψιλοκομμένος • 1 φλιτζάνι γιαούρτι**
**• 1 κουταλάκι ξύσμα λεμονιού**
**• 1 κουταλιά χυμός λεμονιού**

Πολτοποιήστε ψάρι, σάλτσα, ζάχαρη, κολίανδρο, πάπρικα, ξύσμα, σκόρδο, τζίντζερ και φρέσκα κρεμμυδάκια. Πλάστε με το μείγμα μικρά μπαλάκια και πατήστε τα να πλατύνουν. Αλευρώστε, τινάξτε και αλείψτε και από τις δύο πλευρές με λίγο λάδι. Ψήστε τα κεφτεδάκια σε καυτή πλάκα ώσπου να ροδίσουν ελαφρά. Σερβίρετε με το γιαούρτι με κολίανδρο.

**Γιαούρτι με κολίανδρο:** Ανακατώστε καλά όλα τα υλικά μέσα σε μπολ.

Βγαίνουν περίπου 30 κομμάτια.

**Κατάψυξη:** Όχι.

**Φούρνος μικροκυμάτων:** Όχι.

## ΠΑΤΑΤΕΣ ΜΕ ΜΑΓΙΟΝΕΖΑ ΣΚΟΡΔΑΤΗ

*Ψήστε τις πατάτες λίγο πριν σερβίρετε. Η μαγιονέζα μπορεί να γίνει 3 μέρες νωρίτερα.*

**• 1 κουταλάκι άσπρο ξύδι**
**• 2 σκελίδες σκόρδο πολτοποιημένο**
**• 1 φλιτζάνι λάδι • 3 κρόκοι αυγών**
**• 1 κουταλιά χυμός λεμονιού**
**• 1 κουταλιά νερό • 2 μεγάλες πατάτες**
**• 1 κουταλιά μαϊντανός ψιλοκομμένος**

Ξεφλουδίστε τις πατάτες και κόψτε τες σε λεπτές φέτες. Ψήστε τες σε καυτή λαδωμένη πλάκα μπάρμπεκιου ώσπου να ροδίσουν καλά.

Χτυπήστε στο μπλέντερ τους κρόκους με το ξύδι και το σκόρδο ώσπου να ασπρίσουν. Προσθέστε το λάδι λίγο λίγο χτυπώντας συνεχώς ώσπου να πήξει η μαγιονέζα. Ανακατώστε μέσα το λεμόνι, το νερό και το μαϊντανό. Σερβίρετε με τις πατάτες.

Μερίδες 6.

**Κατάψυξη:** Όχι.

**Φούρνος μικροκυμάτων:** Όχι.

## ΓΑΡΙΔΕΣ ΣΟΥΒΛΑΚΙ ΜΕ ΣΟΓΙΑ

*Μπορεί να προετοιμαστεί 3 ώρες νωρίτερα.*

**• 1 1/2 κουταλιά φασόλια σόγιας κονσέρβα, στραγγισμένα**
**• 20 μέτριες γαρίδες ξεφλουδισμένες**
**• 1 σκελίδα σκόρδο πολτοποιημένο**
**• 2 κουταλάκια φρέσκο τζίντζερ τριμμένο • 1 κουταλιά ξερό σέρι**
**• 1 κουταλιά ελαφριά σάλτσα σόγιας**
**• 1 κουταλάκι σουσαμέλαιο**
**• 1 μικρή κόκκινη καυτερή πιπεριά ψιλοκομμένη • 2 κουταλάκια ζάχαρη**

Βάλτε τα φασόλια σε μπολ, σκεπάστε με κρύο νερό για 15΄, στραγγίστε, ξεπλύνετε, στραγγίστε. Ψιλοκόψτε τα φασόλια. Ανακατώστε φασόλια, γαρίδες, τζίντζερ, σέρι, σάλτσα, ζάχαρη, λάδι και καυτερό σε μπολ και βάλτε τα στο ψυγείο μερικές ώρες. Περάστε τις γαρίδες σε καλαμάκια και ψήστε τες.

Βγαίνουν 20 κομμάτια.

**Κατάψυξη:** Όχι.

**Φούρνος μικροκυμάτων:** Όχι.

## ΣΟΥΤΖΟΥΚΑΚΙΑ ΑΡΝΙΣΙΑ ΚΑΙ ΓΙΑΟΥΡΤΙ ΜΕ ΣΚΟΡΔΟ

*Μπορεί να προετοιμαστεί την προηγουμένη.*

- **1 κιλό κιμάς αρνίσιος**
- **1/4 φλιτζανιού μαϊντανός ψιλοκομμένος**
- **2 κουταλιές φρέσκος κολίανδρος ψιλοκομμένος**
- **1 κρόκος αυγού**
- **1/2 κουταλάκι κανέλα αλεσμένη**
- **1/2 κουταλάκι κύμινο αλεσμένο**
- **1/2 κουταλάκι γκαράμ μασάλα**

ΓΙΑΟΥΡΤΙ ΜΕ ΣΚΟΡΔΟ

- **3/4 φλιτζανιού γιαούρτι**
- **2 σκελίδες σκόρδο πολτοποιημένο**
- **1 κουταλάκι χυμός λεμονιού**
- **2 κουταλάκια ζάχαρη**

Ζυμώστε τον κιμά με το μαϊντανό, τον κολίανδρο, τον κρόκο και τα μπαχαρικά. Πλάστε σουτζουκάκια γύρω από καλαμάκια, βάλτε τα σε πιατέλα και βάλτε τα στο ψυγείο αρκετές ώρες ή ολόκληρη τη νύχτα. Ψήστε τα σουτζουκάκια πάνω σε καυτή λαδωμένη πλάκα μπάρμπεκιου και σερβίρετε με το γιαούρτι.

**Γιαούρτι με σκόρδο:** Ανακατώστε καλά όλα τα υλικά μέσα σε μπολ.
Βγαίνουν περίπου 30 κομμάτια.

**Κατάψυξη:** Όχι.

**Φούρνος μικροκυμάτων:** Όχι.

## ΣΟΥΒΛΑΚΙΑ ΜΟΣΧΑΡΙΣΙΑ ΜΕ ΜΠΙΖΕΛΑΚΙΑ

- **24 κινέζικα μπιζελάκια**
- **210 γρ. κονσέρβα μανιτάρια στραγγισμένα • 70 γρ. μοσχάρι σε μπουκιές**

ΣΑΛΤΣΑ ΒΟΥΤΗΜΑΤΟΣ

- **1 1/2 κουταλιά ξερό σέρι**
- **1 κουταλιά σάλτσα χοϊσίν**
- **2 κουταλάκια σαμπάλ οελέκ**
- **1 φρέσκο κρεμμυδάκι ψιλοκομμένο**

Βράστε τα μπιζελάκια και αφήστε να κρυώσουν. Περάστε σε καλαμάκια μπιζελάκια, μοσχάρι και μανιτάρια. Ψήστε τα σουβλάκια και σερβίρετε με τη σάλτσα.

**Σάλτσα βουτήματος:** Ανακατώστε καλά όλα τα υλικά μέσα σε μπολ.
Βγαίνουν περίπου 24 κομμάτια.

**Κατάψυξη:** Όχι.

**Φούρνος μικροκυμάτων:** Όχι.

*Αριστερά: Σουτζουκάκια αρνίσια και γιαούρτι με σκόρδο. Δεξιά: Σουβλάκια μοσχαρίσια με μπιζελάκια.*

*(επάνω) Σουβλάκια χοιρινά με πράσο. (δεξιά) Πικάντικα κεφτεδάκια με σάλτσα γιαουρτιού. (κάτω) Ρολά στρειδιού με σαλάμι.*

## ΣΟΥΒΛΑΚΙΑ ΧΟΙΡΙΝΑ ΜΕ ΠΡΑΣΟ

*Μπορεί να προετοιμαστεί 2 μέρες νωρίτερα.*

- **350 γρ. λαιμός χοιρινός κομμένος σε μπουκιές**
- **1 πράσο**

ΜΑΡΙΝΑΤΑ

- **1 κουταλιά μαρινάτα τεριγιάκι**
- **½ κουταλάκι σαμπάλ οελέκ**
- **2 κουταλάκια σάλτσα δαμάσκηνου**
- **1 κουταλάκι μέλι**
- **1 κουταλιά ξερό σέρι**

Ανακατώστε κρέας και μαρινάτα σε μπολ και βάλτε τα στο ψυγείο αρκετές ώρες ή ολόκληρη τη νύχτα. Κόψτε το πράσο σε λωρίδες 12 εκ. Βράστε το πράσο ώσπου να μαραθεί, στραγγίστε, βουτήξτε το σε κρύο νερό και στραγγίστε.

Περάστε τη μια άκρη ενός κομματιού πράσου σε καλαμάκι, περάστε ένα κομμάτι κρέας, διπλώστε από πάνω το πράσο, περάστε άλλο ένα κομμάτι κρέας και ξαναδιπλώστε το πράσο. Επαναλάβετε με τα υπόλοιπα σουβλάκια. Ψήστε στη σχάρα του μπάρμπεκιου.

**Μαρινάτα:** Ανακατώστε καλά όλα τα υλικά μέσα σε μπολ.
Βγαίνουν περίπου 20 κομμάτια.

**Κατάψυξη:** Όχι.

**Φούρνος μικροκυμάτων:** Όχι.

## ΡΟΛΑ ΣΤΡΕΙΔΙΟΥ ΜΕ ΣΑΛΑΜΙ

*Μπορεί να προετοιμαστεί 3 ώρες νωρίτερα.*

- **105 γρ. κονσέρβα καπνιστά στρείδια**
- **15 φέτες σαλάμι αέρος**

Στραγγίστε τα στρείδια και στεγνώστε τα με απορροφητικό χαρτί. Κόψτε το σαλάμι σε λωρίδες, τυλίξτε τες γύρω γύρω από τα στρείδια και στερεώστε με οδοντογλυφίδες. Ψήστε ώσπου να ροδίσει το σαλάμι.
Βγαίνουν περίπου 15 κομμάτια.

**Κατάψυξη:** Όχι.

**Φούρνος μικροκυμάτων:** Όχι.

## ΠΙΚΑΝΤΙΚΑ ΚΕΦΤΕΔΑΚΙΑ ΜΕ ΣΑΛΤΣΑ ΓΙΑΟΥΡΤΙΟΥ

*Μπορεί να προετοιμαστεί την προηγουμένη.*

- **1 κιλό κιμάς μοσχαρίσιος**
- **½ φλιτζάνι φιστίκια ανάλατα, ψημένα, κοπανισμένα**
- **½ φλιτζάνι κρέμα γάλακτος**
- **1 κρεμμύδι ψιλοκομμένο**
- **1 φλιτζάνι φρυγανιά τριμμένη**
- **½ φλιτζάνι γιαούρτι**
- **2 σκελίδες σκόρδο πολτοποιημένο**
- **2 κουταλιές χυμός λεμονιού**
- **2 κουταλάκια κύμινο αλεσμένο**
- **1 κουταλάκι κολίανδρος αλεσμένος**
- **1 κουταλιά φρέσκος βασιλικός ψιλοκομμένος**
- **1 αυγό**
- **1 κουταλιά λάδι**

ΣΑΛΤΣΑ ΓΙΑΟΥΡΤΙΟΥ

- **½ φλιτζάνι αγγούρι ψιλοκομμένο**
- **1 φλιτζάνι γιαούρτι**
- **1 κουταλάκι κύμινο αλεσμένο**
- **1 κουταλιά χυμός λεμονιού**
- **1 πρέζα πιπέρι καγιέν**

Ζυμώστε κιμά, κρεμμύδι, φιστίκια, κρέμα γάλακτος, φρυγανιά, γιαούρτι, σκόρδο, χυμό, κύμινο, κολίανδρο, βασιλικό και αυγό. Πλάστε κεφτεδάκια με γεμάτα κουταλάκια από το μείγμα. Ζεστάνετε το λάδι πάνω στην πλάκα του μπάρμπεκιου και ψήστε τα κεφτεδάκια ώσπου να ροδίσουν καλά. Σερβίρονται καυτά με τη σάλτσα γιαουρτιού.

**Σάλτσα γιαουρτιού:** Ανακατώστε καλά όλα τα υλικά μέσα σε μπολ.
Βγαίνουν περίπου 40 κομμάτια.

**Κατάψυξη:** Ναι.

**Φούρνος μικροκυμάτων:** Όχι.

# ΣΟΥΠΕΣ

## ΣΟΥΠΑ ΛΑΧΑΝΙΚΑ ΜΕ ΦΑΣΟΛΙΑ

*Μπορεί να γίνει την προηγουμένη.*

- **$^1/_4$ φλιτζανιού λάδι**
- **1 κρεμμύδι κομμένο σε φέτες**
- **250 γρ. μικρά μανιτάρια κομμένα στη μέση**
- **1 μεγάλη πατάτα κομμένη σε κύβους**
- **2 κουταλιές αλεύρι**
- **$^1/_2$ φλιτζάνι γλυκό σέρι**
- **2 κουταλιές ντοματοπολτός**
- **430 γρ. κονσέρβα κονσομέ κοτόπουλου**
- **1 φλιτζάνι νερό**
- **1 καρότο κομμένο**
- **1 κλαδάκι σέλινο κομμένο**
- **440 γρ. φασόλια βρασμένα**
- **2 κουταλιές σκορδόπρασο ψιλοκομμένο**

Ζεστάνετε το λάδι σε κατσαρόλα και σωτάρετε κρεμμύδι και μανιτάρια ώσπου να μαλακώσει το κρεμμύδι. Προσθέστε την πατάτα και σωτάρετε ώσπου να ροδίσει ελαφρά. Ανακατώστε μέσα το αλεύρι και σωτάρετε 2΄. Ανακατώστε μέσα λίγο λίγο το μείγμα σέρι, ντοματοπολτού, κονσομέ και νερού. Σιγοβράστε τα ξεσκέπαστα 10΄. Ανακατώστε μέσα το καρότο, το σέλινο και τα φασόλια και σιγοβράστε τα σκεπασμένα περίπου 15΄ ώσπου να μαλακώσουν τα λαχανικά. Ανακατώστε μέσα το σκορδόπρασο πριν σερβίρετε.

Μερίδες 8.

**Κατάψυξη:** Όχι.

**Φούρνος μικροκυμάτων:** Ναι.

## ΣΟΥΠΑ ΚΑΡΟΤΟ ΜΕ ΖΥΜΑΡΙΚΟ

*Καλύτερα να γίνει λίγο πριν σερβίρετε.*

- **750 γρ. καρότα κομμένα σε κυβάκια**
- **1 κλαδάκι σέλινο ψιλοκομμένο**
- **1 $^1/_2$ λίτρο (6 φλιτζάνια) νερό**
- **3 κύβοι ζωμός κότας θρυμματισμένοι**
- **$^1/_4$ φλιτζανιού μαϊντανός ψιλοκομμένος • 1 κρεμμύδι ψιλοκομμένο**
- **$^1/_2$ φλιτζάνι ζυμαρικό μικρά κοχύλια**

Ανακατώστε όλα τα υλικά σε κατσαρόλα και σιγοβράστε τα ξεσκέπαστα περίπου 12 λεπτά ώσπου να μαλακώσουν καρότα και ζυμαρικό.

Μερίδες 6.

**Κατάψυξη:** Όχι.

**Φούρνος μικροκυμάτων:** Ναι.

*Αριστερά: Σούπα λαχανικά με φασόλια. Δεξιά: Σούπα καρότο με ζυμαρικό.*

## ΨΑΡΟΣΟΥΠΑ ΜΕ ΙΝΔΟΚΑΡΥΔΟ

*Καλύτερα να γίνει λίγο πριν σερβίρετε.*

**• 250 γρ. φιλέτα ψαριού κομμένα • 410 γρ. κονσέρβα γάλα ινδοκάρυδου • 1 κουταλιά φρέσκο τζίντζερ τριμμένο • 2 κουταλιές φρέσκο λεμονόχορτο ψιλοκομμένο • 1 κρεμμύδι ψιλοκομμένο • 1 μικρή κόκκινη καυτερή πιπεριά ψιλοκομμένη • 1 κουταλιά σάλτσα ψαριού • 100 γρ. κινέζικο λάχανο ψιλοκομμένο • 2 κουταλιές χυμός λεμονιού • 1/4 φλιτζανιού φρέσκος κολίανδρος ψιλοκομμένος • 3 φλιτζάνια νερό**

Ανακατώστε όλα τα υλικά σε κατσαρόλα και σιγοβράστε τα ξεσκέπαστα περίπου 10′ ώσπου να μαλακώσει το ψάρι.
Μερίδες 4.

**Κατάψυξη:** Όχι.

**Φούρνος μικροκυμάτων:** Ναι.

## ΚΙΝΕΖΙΚΗ ΣΟΥΠΑ

*Μπορεί να γίνει την προηγουμένη.*

**• 15 γρ. ξερά κινέζικα μανιτάρια • 15 γρ. βούτυρο • 1 κρεμμύδι σε φέτες • 2 κλαδάκια σέλινο ψιλοκομμένο • 2 καρότα κομμένα • 2 1/2 λίτρα (10 φλιτζάνια) νερό • 2 κύβοι ζωμός κότας θρυμματισμένοι • 125 γρ. κινέζικος φιδές • 1/3 φλιτζανιού ελαφριά σάλτσα σόγιας • 1/4 φλιτζανιού ρυζόκρασο • 250 γρ. γαρίδες ξεφλουδισμένες, κομμένες • 10 φύλλα σπανάκι κομμένο**

Μουσκέψτε τα μανιτάρια σε βραστό νερό 20′, στραγγίστε, πετάξτε τους μίσχους και ψιλοκόψτε τα.
Ζεστάνετε το βούτυρο σε κατσαρόλα και σωτάρετε το κρεμμύδι ώσπου να μαλακώσει. Ανακατώστε μέσα καρότο, σέλινο, νερό, κύβους, φιδέ, σάλτσα, κρασί και μανιτάρια και σιγοβράστε τα ξεσκέπαστα περίπου 10′ ώσπου να μαλακώσει ο φιδές. Ανακατώστε μέσα γαρίδες και σπανάκι και ζεστάνετε.
Μερίδες 10.

**Κατάψυξη:** Όχι.

**Φούρνος μικροκυμάτων:** Ναι.

*Αριστερά: Ψαρόσουπα με ινδοκάρυδο.*
*Δεξιά: Κινέζικη σούπα.*

*Σούπα λαχανικών με κάρυ (σελ. 28).*

## ΣΟΥΠΑ ΠΑΤΑΤΑ ΜΕ ΚΑΡΔΑΜΟ

*Μπορεί να γίνει την προηγουμένη.*

**• 1 ¼ κιλό (περίπου 12) πατάτες τριμμένες • 1 ½ λίτρο (6 φλιτζάνια) νερό • 10 φρέσκα κρεμμυδάκια ψιλοκομμένα • 2 σκελίδες σκόρδο πολτοποιημένο • 3 μεγάλοι κύβοι λαχανικών θρυμματισμένοι • 1 κρεμμύδι ψιλοκομμένο • 1 ½ φλιτζάνι νεροκάρδαμο ψιλοκομμένο • 300 γρ. κρέμα γάλακτος**

Ανακατώστε σε κατσαρόλα πατάτες, φρέσκα κρεμμυδάκια, κρεμμύδι, κύβους και νερό και σιγοβράστε τα μισοσκεπασμένα περίπου 1 ώρα ανακατώνοντας συχνά. Ανακατώστε μέσα σκόρδο, κρέμα γάλακτος και κάρδαμο και ζεστάνετε δίχως να βράσουν.
Μερίδες 10.

**Κατάψυξη:** Όχι.

**Φούρνος μικροκυμάτων:** Όχι.

*ΑΡΙΣΤΕΡΑ: Επάνω αριστερά: Ζωμός βοδινού με κριθάρι. Επάνω δεξιά: Σούπα πατάτα με κάρδαμο. Κάτω: Καυτερή σούπα ντομάτα με μπέικον.*

## ΚΑΥΤΕΡΗ ΣΟΥΠΑ ΝΤΟΜΑΤΑ ΜΕ ΜΠΕΪΚΟΝ

*Μπορεί να γίνει την προηγουμένη.*

**• 6 φέτες μπέικον ψιλοκομμένο • 1 ½ κιλό ντομάτες ξεφλουδισμένες, κομμένες • 2 κρεμμύδια ψιλοκομμένα • 1 ½ λίτρο (6 φλιτζάνια) νερό • 2 κύβοι ζωμός κότας θρυμματισμένοι • ⅓ φλιτζανιού ντοματοπολτός • 1 κουταλάκι κόκκινο πιπέρι • 1 κουταλάκι πιπέρι λεμονιού • ½ φλιτζάνι φρέσκος βασιλικός ψιλοκομμένος • 60 γρ. βούτυρο**

Λιώστε το βούτυρο σε κατσαρόλα και σωτάρετε κρεμμύδι και μπέικον ώσπου να μαλακώσει το κρεμμύδι. Ανακατώστε μέσα ντομάτες, νερό, κύβους, ντοματοπολτό και πιπέρια και σιγοβράστε τα σκεπασμένα 20′. Ανακατώστε μέσα το βασιλικό πριν σερβίρετε.
Μερίδες 10.

**Κατάψυξη:** Ναι.

**Φούρνος μικροκυμάτων:** Ναι.

## ΖΩΜΟΣ ΒΟΔΙΝΟΥ ΜΕ ΚΡΙΘΑΡΙ

*Μπορεί να γίνει την προηγουμένη.*

**• 2 κιλά κόκαλα βοδινά με κρέας • 2 λίτρα (8 φλιτζάνια) νερό • 1 φλιτζάνι κριθάρι για σούπα • 2 κουταλάκια μαύρα πιπέρια σπασμένα • 3 δαφνόφυλλα • 2 κρεμμύδια ψιλοκομμένα • 3 καρότα κομμένα σε φέτες • 3 κλαδάκια σέλινο χοντροκομμένα**

Ανακατώστε όλα τα υλικά σε κατσαρόλα και σιγοβράστε τα περίπου 2 ώρες ώσπου να μαλακώσει το κρέας. Κατεβάστε από τη φωτιά και αφήστε να κρυώσει. Αφαιρέστε το λίπος από την επιφάνεια της σούπας, αφαιρέστε τα κόκαλα, αφαιρέστε το κρέας από τα κόκαλα και ψιλοκόψτε το μέσα στη σούπα. Πετάξτε τα δαφνόφυλλα. Ζεστάνετε πριν σερβίρετε.
Μερίδες 6.

**Κατάψυξη:** Ναι.

**Φούρνος μικροκυμάτων:** Ναι.

## ΣΟΥΠΑ ΛΑΧΑΝΙΚΩΝ ΜΕ ΚΑΡΥ

*Καλύτερα να γίνει λίγο πριν σερβίρετε.*

**• 4 φρέσκα κρεμμυδάκια ψιλοκομμένα**
**• 1 μικρό καρότο κομμένο σε φέτες**
**• 2 κολοκυθάκια κομμένα σε φέτες**
**• 100 γρ. κινέζικο λάχανο ψιλοκομμένο • 1/4 φλιτζανιού ρύζι σούπας**
**• 2 κύβοι ζωμός κότας θρυμματισμένοι**
**• 1 1/2 λίτρο (6 φλιτζάνια) νερό**
**• 1 1/2 κουταλιά κόκκινη πάστα κάρυ**
**• 2 κουταλιές σάλτσα ψαριού**
**• 1 κουταλάκι σάλτσα μανταρινιού**
**• 2 κουταλιές φρέσκος κολίανδρος ψιλοκομμένος • 1 κουταλιά ζάχαρη**

Ανακατώστε όλα τα υλικά στην κατσαρόλα και σιγοβράστε τα σκεπασμένα περίπου 15 λεπτά ώσπου να μαλακώσει το ρύζι.
Μερίδες 4.

**Κατάψυξη:** Όχι.

**Φούρνος μικροκυμάτων:** Ναι.

## ΣΟΥΠΑ ΦΑΚΕΣ ΜΕ ΖΑΜΠΟΝ

*Μπορεί να γίνει την προηγουμένη.*

**• 30 γρ. βούτυρο**
**• 1 κρεμμύδι ψιλοκομμένο**
**• 3/4 φλιτζανιού κόκκινη φακή**
**• 250 γρ. ζαμπόν ψιλοκομμένο**
**• 1 κλαδάκι σέλινο ψιλοκομμένο**
**• 1 μικρό καρότο ψιλοκομμένο**
**• 1 κουταλιά ντοματοπολτός**
**• 1 κύβος ζωμός κότας θρυμματισμένος**
**• 1 1/2 λίτρο (6 φλιτζάνια) νερό**

Λιώστε το βούτυρο στην κατσαρόλα και σωτάρετε το κρεμμύδι ώσπου να ροδίσει. Ανακατώστε μέσα τα υπόλοιπα υλικά και σιγοβράστε τα περίπου 15′ ώσπου να χυλώσει ελαφρά η σούπα.
Μερίδες 4.

**Κατάψυξη:** Ναι.

**Φούρνος μικροκυμάτων:** Ναι.

## ΜΠΙΖΕΛΟΣΟΥΠΑ ΜΕ ΚΑΡΥ ΚΑΙ ΠΡΟΣΙΟΥΤΟ

*Μπορεί να γίνει 2 μέρες νωρίτερα.*

**• 15 γρ. βούτυρο**
**• 1 κρεμμύδι ψιλοκομμένο**
**• 1 1/2 κιλό αρακάς κατεψυγμένος, ξεπαγωμένος**
**• 2 κουταλιές σκόνη κάρυ**
**• 1 1/2 κύβος ζωμός κότας θρυμματισμένος**
**• 1 λίτρο (4 φλιτζάνια) νερό**
**2 κουταλιές σκορδόπρασο ψιλοκομμένο**
**• 1/2 φλιτζάνι γλυκό σέρι**
**• 2 κουταλιές γαλλική μουστάρδα**
**• 1/2 φλιτζάνι μαγιονέζα**
**• 1/2 φλιτζάνι κρέμα γάλακτος**
**• 8 φέτες προσιούτο ψιλοκομμένο**

Ζεστάνετε το βούτυρο στην κατσαρόλα και σωτάρετε το κρεμμύδι με το κάρυ ώσπου να μαλακώσει. Ανακατώστε μέσα σέρι, αρακά, κύβους και νερό και σιγοβράστε τα σκεπασμένα περίπου 20′ ώσπου να μαλακώσει ο αρακάς.
Χτυπήστε τη σούπα στο μπλέντερ σε δόσεις ώσπου να γίνει χυλός. Βάλτε τη στην κατσαρόλα και αφήστε να πάρει βράση. Ανακατώστε μέσα σκορδόπρασο, μουστάρδα, μαγιονέζα, κρέμα γάλακτος και προσιούτο και ζεστάνετε δίχως να βράσει.
Μερίδες 10.

**Κατάψυξη:** Ναι.

**Φούρνος μικροκυμάτων:** Ναι.

*Αριστερά: Σούπα φακές με ζαμπόν. Δεξιά: Μπιζελόσουπα με κάρυ και προσιούτο.*

# ΘΑΛΑΣΣΙΝΑ

Καβούρια καυτερά με δαμάσκηνο.

## ΚΑΒΟΥΡΙΑ ΚΑΥΤΕΡΑ ΜΕ ΔΑΜΑΣΚΗΝΟ

*Μπορεί να προετοιμαστεί την προηγουμένη.*

- **6 ωμά μπλε καβούρια**
- **150 γρ. έτοιμη σάλτσα δαμάσκηνο**
- **2 κουταλιές σάλτσα στρειδιού**
- **1 κουταλιά ελαφριά σάλτσα σόγιας**
- **1 σκελίδα σκόρδο πολτοποιημένο**
- **1 κουταλάκι φρέσκο τζίντζερ, τριμμένο**
- **1 κουταλάκι καυτερή σάλτσα**
- **1 κουταλιά γλυκό σέρι**
- **2 κουταλιές λάδι**
- **1 κουταλιά νερό**
- **½ κουταλάκι σουσαμέλαιο**

Αφαιρέστε το τριγωνικό κομμάτι από την κοιλιά των καβουριών, το κέλυφος και τον γκρίζο ιστό. Πλύνετε τα καβούρια. Σπάστε ελαφρά τις δαγκάνες και κόψτε τα καβούρια στη μέση.

Ανακατώστε τα καβούρια με τα υπόλοιπα υλικά σε μπολ, φροντίστε να καλυφθούν καλά από τη μαρινάτα και βάλτε τα στο ψυγείο αρκετές ώρες ή ολόκληρη τη νύχτα.

Ψήστε τα καβούρια στη σχάρα γυρνώντας τα μερικές φορές.

Μερίδες 6.

**Κατάψυξη:** Όχι.

**Φούρνος μικροκυμάτων:** Όχι.

## ΚΑΥΤΕΡΟ ΧΤΑΠΟΔΙ ΣΚΟΡΔΑΤΟ

*Μπορεί να προετοιμαστεί την προηγουμένη.*

- **1 κιλό μικρά χταποδάκια**
- **1 σκελίδα σκόρδο πολτοποιημένο**
- **1/3 φλιτζανιού σάλτσα μπάρμπεκιου**
- **1/3 φλιτζανιού λάδι**
- **1 κουταλάκι καυτερή σάλτσα**

Αφαιρέστε κεφάλια και ράμφη από τα χταποδάκια, ανακατώστε τα με τα υπόλοιπα υλικά σε μπολ και βάλτε τα στο ψυγείο αρκετές ώρες ή ολόκληρη τη νύχτα. Ψήστε τα στη σχάρα ώσπου να μαλακώσουν.
Μερίδες 6.

**Κατάψυξη:** Όχι.

**Φούρνος μικροκυμάτων:** Όχι.

## ΓΑΡΙΔΕΣ ΤΡΟΠΙΚΕΣ

*Μπορεί να προετοιμαστεί την προηγουμένη.*

- **1 1/2 κιλό μεγάλες γαρίδες**
- **1 καρότο**
- **5 εκ. κομμάτι τζίντζερ**
- **225 γρ. κονσέρβα φέτες ανανά**
- **1 μάγκο κομμένο σε λεπτές φέτες**

ΜΑΡΙΝΑΤΑ
- **1/4 φλιτζανιού ελαιόλαδο**
- **1 κουταλιά μαϊντανός ψιλοκομμένος**
- **1 μικρή κόκκινη καυτερή πιπεριά ψιλοκομμένη**

Ξεφλουδίστε τις γαρίδες και αφαιρέστε το αντεράκι αφήνοντας τις ουρές. Χτυπήστε τες ελαφρά να πλατύνουν. Κόψτε καρότο και τζίντζερ σε λεπτά ραβδάκια. Βράστε το καρότο ώσπου να μαλακώσει ελαφρά, ξεπλύνετε με κρύο νερό και στραγγίστε το. Στραγγίστε τον ανανά και κρατήστε το σιρόπι για τη μαρινάτα. Κόψτε τον ανανά σε μικρά κομμάτια.
Ανακατώστε καρότο, ανανά, μάγκο και τζίντζερ. Τυλίξτε τις γαρίδες γύρω από μια μικρή ποσότητα μείγματος και στερεώστε με οδοντογλυφίδες. Βάλτε τις γαρίδες σε ρηχό σκεύος, προσθέστε τη μαρινάτα και βάλτε τες στο ψυγείο αρκετές ώρες ή ολόκληρη τη νύχτα.
Ψήστε τις γαρίδες σε καυτή πλάκα μπάρμπεκιου αλείφοντας με τη μαρινάτα.

**Μαρινάτα:** Ανακατώστε καλά όλα τα υλικά και το σιρόπι του ανανά μέσα σε μπολ.
Μερίδες 6.

**Κατάψυξη:** Όχι.

**Φούρνος μικροκυμάτων:** Όχι.

## ΜΠΙΦΤΕΚΙΑ ΤΟΝΟΥ

*Καλύτερα να γίνει την προηγουμένη.*

- **425 γρ. κονσέρβα τόνος σε άλμη, στραγγισμένος**
- **1 φλιτζάνι παλιό ψωμί τριμμένο**
- **4 φρέσκα κρεμμυδάκια ψιλοκομμένα**
- **1 κόκκινη πιπεριά ψιλοκομμένη**
- **1 κουταλιά κάπαρη**
- **2 κουταλιές μαϊντανός ψιλοκομμένος**
- **2 κουταλιές λάδι**
- **2 αυγά ελαφρά χτυπημένα**
- **1/3 φλιτζανιού χυμός λεμονιού**
- **2 φλιτζάνια κορνφλέικς θρυμματισμένα**
- **1/4 φλιτζανιού σουσάμι**

Θρυμματίστε τον τόνο με πιρούνι μέσα σε μπολ και ζυμώστε τον μαζί με το ψωμί, τα φρέσκα κρεμμυδάκια, την πιπεριά, την κάπαρη, το μαϊντανό, το λάδι, τα αυγά και το χυμό. Πλάστε 2 γεμάτες κουταλιές μείγμα σε μπιφτέκι και κυλίστε το μέσα στα κορνφλέικς ανακατωμένα με το σουσάμι. Επαναλάβετε με το υπόλοιπο μείγμα.
Βάλτε τα μπιφτέκια σε ταψί και βάλτε τα στο ψυγείο αρκετές ώρες ή ολόκληρη τη νύχτα. Ψήστε τα σε καυτή λαδωμένη πλάκα μπάρμπεκιου.
Βγαίνουν περίπου 10 κομμάτια.

**Κατάψυξη:** Ναι.

**Φούρνος μικροκυμάτων:** Όχι.

*Επάνω αριστερά: Καυτερό χταπόδι σκορδάτο.*
*Δεξιά: Μπιφτέκια τόνου.*
*Κάτω: Γαρίδες τροπικές.*

• 1 κουταλιά αμυγδαλόφετα ψημένη

Αφαιρέστε την πέτσα από τα φιλέτα και κόψτε τα στη μέση. Ψήστε τα σε καυτό βουτυρωμένο τηγάνι. Περιχύστε με το χυμό λεμονιού ανακατωμένο με τα πιπέρια. Κρατήστε τα ζεστά. Χτυπήστε το βούτυρο λίγο λίγο μέσα στο ζουμί του τηγανιού. Περιχύστε τα φιλέτα με τη σάλτσα και πασπαλίστε με το αμύγδαλο.
Μερίδες 6.

**Κατάψυξη:** Όχι.

**Φούρνος μικροκυμάτων:** Όχι.

## ΨΑΡΙ ΠΙΚΑΝΤΙΚΟ ΜΕ ΙΝΔΟΚΑΡΥΔΟ ΚΑΙ ΝΤΡΕΣΙΓΚ ΓΙΑΟΥΡΤΙΟΥ ΜΕ ΜΥΡΩΔΙΚΑ

*Μπορεί να προετοιμαστεί 3 ώρες νωρίτερα.*

- **1/2 φλιτζάνι αλεύρι**
- **1/4 φλιτζανιού ινδοκάρυδο**
- **1/2 κουταλάκι τούρμερικ**
- **1/2 κουταλάκι κόκκινο πιπέρι**
- **1/2 κουταλάκι πιπέρι λεμονιού**
- **1 κιλό φιλέτα ψαριού χωρίς κόκαλο**
- **2 αυγά ελαφρά χτυπημένα**

ΝΤΡΕΣΙΓΚ ΓΙΑΟΥΡΤΙΟΥ ΜΕ ΜΥΡΩΔΙΚΑ

- **1/4 φλιτζανιού μαγιονέζα**
- **1 κουταλάκι γαλλική μουστάρδα**
- **1/4 φλιτζανιού μαϊντανός ψιλοκομμένος • 3/4 φλιτζανιού γιαούρτι**

Ανακατώστε σε μπολ αλεύρι, ινδοκάρυδο, τούρμερικ και πιπέρια. Βουτήξτε το ψάρι στα αυγά και μετά στο μείγμα αλευριού. Ψήστε σε καυτή λαδωμένη πλάκα μπάρμπεκιου. Σερβίρετε με το ντρέσιγκ.

**Ντρέσιγκ γιαουρτιού με μυρωδικά:** Ανακατώστε καλά όλα τα υλικά μέσα σε μπολ.
Μερίδες 6.

**Κατάψυξη:** Όχι.

**Φούρνος μικροκυμάτων:** Όχι.

## ΘΑΛΑΣΣΙΝΑ ΣΕ ΚΑΛΑΜΠΟΚΟΦΥΛΛΑ

*Μπορεί να προετοιμαστεί 3 ώρες νωρίτερα.*

- **6 κουκουνάρες καλαμπόκι με τα φύλλα • 60 γρ. βούτυρο λιωμένο**
- **500 γρ. γαρίδες βρασμένες, ξεφλουδισμένες • 250 γρ. χτένια**
- **3 φρέσκα κρεμμυδάκια ψιλοκομμένα**
- **1 κόκκινη πιπεριά ψιλοκομμένη**
- **2 κουταλιές μαϊντανός ψιλοκομμένος**
- **2 κουταλιές χυμός λεμονιού**
- **2 κουταλιές περίπου λάδι**

Βγάλτε τα καλαμπόκια από τα φύλλα προσεκτικά, αφήνοντας τα φύλλα ενωμένα στη βάση. Αφαιρέστε τα μουστάκια από τα φύλλα. Ανακατώστε σε μπολ γαρίδες, χτέ-

*Επάνω: Θαλασσινά σε καλαμποκόφυλλα. Κάτω: Ψάρι πικάντικο με ινδοκάρυδο και ντρέσιγκ γιαουρτιού με μυρωδικά.*

## ΚΟΤΟΛΕΤΕΣ ΣΟΛΟΜΟΥ ΜΕ ΣΑΛΤΣΑ ΚΡΕΜΑ ΑΝΗΘΟΥ

*Καλύτερα να γίνει λίγο πριν σερβίρετε.*

- **4 κοτολέτες (φέτες) σολομού**
- **2 κουταλιές λάδι**

ΣΑΛΤΣΑ ΚΡΕΜΑ ΑΝΗΘΟΥ

- **300 γρ. κρέμα γάλακτος**
- **1/4 φλιτζανιού ξερό άσπρο κρασί**
- **2 κουταλιές ντοματοπολτός**
- **2 κουταλάκια χυμός λεμονιού**
- **3 φρέσκα κρεμμυδάκια ψιλοκομμένα**
- **1 κουταλιά άνηθος ψιλοκομμένος**

Ψήστε το σολομό σε καυτή λαδωμένη πλάκα μπάρμπεκιου αλείφοντας κάθε τόσο με το λάδι. Σερβίρετε με τη σάλτσα.

*ΑΡΙΣΤΕΡΑ: Επάνω: Φιλέτα σολομού με βούτυρο λεμονιού. Κάτω: Κοτολέτες σολομού με σάλτσα κρέμα άνηθου.*

**Σάλτσα κρέμα άνηθου:** Ανακατώστε σε κατσαρόλι κρέμα γάλακτος, κρασί και ντοματοπολτό και ζεστάνετέ τα ανακατώνοντας σε χαμηλή φωτιά δίχως να βράσουν. Ανακατώστε μέσα το χυμό λεμονιού, τα φρέσκα κρεμμυδάκια και τον άνηθο και ζεστάνετέ τα δίχως να βράσουν.
Μερίδες 4.

**Κατάψυξη:** Όχι.

**Φούρνος μικροκυμάτων:** Όχι.

## ΦΙΛΕΤΑ ΣΟΛΟΜΟΥ ΜΕ ΒΟΥΤΥΡΟ ΛΕΜΟΝΙΟΥ

*Καλύτερα να γίνει λίγο πριν σερβίρετε.*

- **3 φιλέτα σολομού των 300 γρ.**
- **1/2 φλιτζάνι χυμός λεμονιού**
- **2 κουταλάκια μαύρα πιπέρια σπασμένα • 125 γρ. βούτυρο ψιλοκομμένο**

νια, φρέσκα κρεμμυδάκια, πιπεριά, βούτυρο, μαϊντανό και χυμό. Γεμίστε τα καλαμποκόφυλλα με το μείγμα και δέστε τις άκρες τους με λωρίδες καλαμποκόφυλλου.
Ψήστε στη σχάρα γυρνώντας και αλείφοντας συχνά με το λάδι ώσπου να ζεσταθούν καλά.
Μερίδες 6.

**Κατάψυξη:** Όχι.

**Φούρνος μικροκυμάτων:** Όχι.

## ΑΣΤΑΚΟΙ ΜΕ ΦΟΥΝΤΟΥΚΙ ΚΑΙ ΛΙΚΕΡ

*Καλύτερα να γίνει λίγο πριν σερβίρετε.*

- **3 κιλά μικροί αστακοί καραβιδάδες**

ΒΟΥΤΥΡΟ ΜΕ ΦΟΥΝΤΟΥΚΙ ΚΑΙ ΛΙΚΕΡ

- **1 φλιτζάνι φουντούκια άψητα**
- **1/2 φλιτζάνι λικέρ Γκαλιάνο**
- **1/4 φλιτζανιού μαϊντανός ψιλοκομμένος**
- **125 γρ. βούτυρο λιωμένο**

Κρατήστε μόνο τις ουρές από τους αστακούς. Αφαιρέστε τα πόδια και το κέλυφος από την κοιλιά. Ψήστε τες αλείφοντας κάθε τόσο με το βούτυρο.

**Βούτυρο με φουντούκι και λικέρ:** Ψήστε τα φουντούκια σε μέτριο φούρνο περίπου 15΄. Τρίψτε τα με πετσέτα να φύγουν τα φλούδια και χοντροκοπανίστε τα. Ανακατώστε σε μπολ βούτυρο, λικέρ, φουντούκι και μαϊντανό.
Μερίδες 6.

**Κατάψυξη:** Όχι.

**Φούρνος μικροκυμάτων:** Όχι.

## ΓΑΡΙΔΕΣ ΣΟΥΒΛΑΚΙ ΜΕ ΣΑΛΤΣΑ ΝΤΟΜΑΤΑ

*Καλύτερα να γίνει λίγο πριν σερβίρετε.*

- **4 φρέσκα κρεμμυδάκια**
- **1 κιλό γαρίδες ξεφλουδισμένες**
- **1 κόκκινη πιπεριά κομμένη**

ΣΑΛΤΣΑ ΝΤΟΜΑΤΑ

- **1 μικρή κόκκινη καυτερή πιπεριά ψιλοκομμένη** • **1 κουταλιά ξύδι**
- **1 κύβος ζωμός κότας θρυμματισμένος** • **3/4 φλιτζανιού πουρές ντομάτας**
- **2 κουταλάκια φρέσκος δυόσμος ψιλοκομμένος**
- **2 κουταλάκια φρέσκος κολίανδρος ψιλοκομμένος** • **1 κουταλιά ζάχαρη**

Κόψτε τα φρέσκα κρεμμυδάκια σε λωρίδες κατά μήκος. Τυλίξτε κάθε γαρίδα μ' ένα κομμάτι πιπεριά. Τυλίξτε τη γύρω γύρω με μια λωρίδα κρεμμυδάκι. Περάστε τις γαρίδες σε καλαμάκια και ψήστε σε καυτή λαδωμένη πλάκα. Σερβίρετε με τη σάλτσα ντομάτα.

**Σάλτσα ντομάτα:** Ανακατώστε καλά όλα τα υλικά μέσα σε κατσαρόλι και σιγοβράστε τα ξεσκέπαστα περίπου 5΄ ώσπου να πηχτώσει ελαφρά η σάλτσα.
Μερίδες 4.

**Κατάψυξη:** Όχι.

**Φούρνος μικροκυμάτων:** Όχι.

*Αριστερά: Αστακοί με φουντούκι και λικέρ. Δεξιά: Γαρίδες σουβλάκι με σάλτσα ντομάτα.*

## ΨΑΡΙ ΓΕΜΙΣΤΟ ΜΕ ΚΑΡΥΔΙ ΚΑΙ ΡΥΖΙ

*Μαρινάρετε το ψάρι 3 ώρες νωρίτερα.*

- **1 φαγκρί 1 ½ κιλό**

ΓΕΜΙΣΗ

- **1 κρεμμύδι ψιλοκομμένο**
- **2 σκελίδες σκόρδο πολτοποιημένο**
- **1 κόκκινη πιπεριά ψιλοκομμένη**
- **1 φλιτζάνι βρασμένο ρύζι**
- **½ φλιτζάνι καρύδι κοπανισμένο**
- **2 κουταλιές μαϊντανός ψιλοκομμένος**
- **2 κουταλάκια φρέσκος βασιλικός ψιλοκομμένος • 60 γρ. βούτυρο**
- **2 κουταλάκια ξύσμα λεμονιού**

ΜΑΡΙΝΑΤΑ

- **1 φλιτζάνι κέτσαπ**
- **¼ φλιτζανιού ξερό άσπρο κρασί**
- **¼ φλιτζανιού λάδι**
- **2 κουταλάκια σκόνη κάρυ**
- **2 κουταλάκια ζάχαρη**
- **¼ φλιτζανιού μαϊντανός ψιλοκομμένος • 2 κουταλάκια ξερό φασκόμηλο**

Γεμίστε την κοιλιά του ψαριού με τη γέμιση. Βάλτε το σε μεγάλο ρηχό σκεύος, περιχύστε με τη μαρινάτα και βάλτε το στο ψυγείο 3 ώρες. Βάλτε το ψάρι με τη μαρινάτα σ' ένα μεγάλο φύλλο λαδωμένο αλουμινόχαρτο, τυλίξτε καλά και ψήστε το στη σχάρα γυρνώντας καθε τόσο ώσπου να μαλακώσει.

**Γέμιση:** Ζεστάνετε το βούτυρο σε τηγάνι και σωτάρετε κρεμμύδι και σκόρδο ώσπου να μαλακώσει το κρεμμύδι. Ανακατώστε σε μπολ το μείγμα με την πιπεριά, το ρύζι, το καρύδι, το μαϊντανό, το βασιλικό και το ξύσμα.

**Μαρινάτα:** Ανακατώστε καλά όλα τα υλικά μέσα σε μπολ.
Μερίδες 6.

**Κατάψυξη:** Όχι.

**Φούρνος μικροκυμάτων:** Όχι.

## ΜΠΑΚΑΛΙΑΡΟΣ ΜΕ ΛΕΜΟΝΙ ΚΑΙ ΣΚΟΡΔΟ

Μπορεί να προετοιμαστεί την προηγουμένη.

- **1 κουταλάκι ξύσμα λεμονιού**
- **½ φλιτζάνι χυμός λεμονιού**
- **2 κουταλιές λάδι**
- **2 σκελίδες σκόρδο πολτοποιημένο**
- **2 κουταλιές ξερό άσπρο κρασί**
- **1 κουταλάκι ζάχαρη**
- **½ κουταλάκι μείγμα πιπεριού**
- **6 φέτες μπακαλιάρου**

Ανακατώστε σε μεγάλο ρηχό σκεύος ξύσμα, χυμό, λάδι, σκόρδο, κρασί, ζάχαρη και πιπέρι. Βάλτε μέσα το ψάρι, φροντίστε να σκεπαστεί με τη μαρινάτα και βάλτε το στο ψυγείο αρκετές ώρες ή ολόκληρη τη νύχτα. Ψήστε το ψάρι σε καυτή λαδωμένη πλάκα μπάρμπεκιου.
Μερίδες 6.

**Κατάψυξη:** Όχι.

**Φούρνος μικροκυμάτων:** Όχι.

*Δεξιά: Ψάρι γεμιστό με ρύζι και καρύδι. Αριστερά: Μπακαλιάρος με λεμόνι και σκόρδο.*

## ΨΑΡΙ ΦΕΤΑ ΜΕ ΚΑΥΤΕΡΟ ΒΟΥΤΥΡΟ ΝΤΟΜΑΤΑΣ

*Το βούτυρο μπορεί να γίνει 1 εβδομάδα νωρίτερα.*

- **8 φέτες των 150 γρ. από ξιφία ή τόνο**
- **1 κουταλάκι ξύσμα λεμονιού**
- **1/4 φλιτζανιού χυμός λεμονιού**

ΚΑΥΤΕΡΟ ΒΟΥΤΥΡΟ ΝΤΟΜΑΤΑΣ

- **1/3 φλιτζανιού λιαστές ντομάτες ψιλοκομμένες • 125 γρ. βούτυρο**
- **1 κουταλάκι σαμπάλ οελέκ**
- **1 κουταλιά μαϊντανός ψιλοκομμένος**

Ανακατώστε σε μεγάλο ρηχό σκεύος το ψάρι με το ξύσμα και το χυμό και βάλτε τα στο ψυγείο 30΄. Στραγγίστε το ψάρι και κρατήστε 1 κουταλιά μαρινάτα για το βούτυρο. Ψήστε το ψάρι στη σχάρα και σερβίρετε με φέτες από καυτερό βούτυρο ντομάτας.

**Καυτερό βούτυρο ντομάτας:** Χτυπήστε το βούτυρο σε μπολ ώσπου να φουσκώσει. Χτυπήστε μέσα τις ντομάτες, το σαμπάλ οελέκ, το μαϊντανό και τη μαρινάτα που κρατήσατε. Βάλτε το βούτυρο σε αλουμινόχαρτο, τυλίξτε το σφιχτά, δώστε του τριγωνικό σχήμα και βάλτε το στο ψυγείο.
Μερίδες 8.

**Κατάψυξη:** Όχι.

**Φούρνος μικροκυμάτων:** Όχι.

## ΑΣΤΑΚΟΣ ΜΕ ΛΕΜΟΝΙ ΚΑΙ ΘΥΜΑΡΙ

*Μπορεί να προετοιμαστεί 3 ώρες νωρίτερα.*

- **6 ουρές αστακών**
- **1/4 φλιτζανιού ελαιόλαδο**
- **1 κουταλάκι ξύσμα πράσινου λεμονιού**
- **1/2 φλιτζάνι χυμός πράσινου λεμονιού**
- **2 σκελίδες σκόρδο πολτοποιημένο**
- **1 κουταλιά φρέσκο θυμάρι ψιλοκομμένο**

Κόψτε το μαλακό κέλυφος στην κοιλιά και βγάλτε το κρέας ολόκληρο. Κόψτε το σε φέτες 3 εκ.
Ανακατώστε σε μπολ αστακό, λάδι, ξύσμα, χυμό, σκόρδο και θυμάρι και βάλτε τα στο ψυγείο αρκετές ώρες ή ολόκληρη τη νύχτα γυρνώντας κάθε τόσο. Ψήστε τον αστακό στη σχάρα αλείφοντας κάθε τόσο με τη μαρινάτα.
Μερίδες 6.

**Κατάψυξη:** Όχι.

**Φούρνος μικροκυμάτων:** Όχι.

*ΔΕΞΙΑ: Αστακός με λεμόνι και θυμάρι.*

*Ψάρι φέτα με καυτερό βούτυρο ντομάτας.*

## ΑΣΤΑΚΟΣ ΜΕ ΣΑΛΤΣΑ ΚΑΡΥ

*Καλύτερα να γίνει λίγο πριν σερβίρετε.*

- **4 ουρές αστακών**

ΣΑΛΤΣΑ ΚΑΡΥ

- **300 γρ. πηχτή κρέμα γάλακτος**
- **1/3 φλιτζανιού ξερό άσπρο κρασί**
- **2 κουταλάκια χυμός λεμονιού**
- **2 κουταλάκια φρέσκος κολίανδρος ψιλοκομμένος**
- **1 κουταλιά σκορδόπρασο ψιλοκομμένο** • **1 κουταλάκι σκόνη κάρυ**

Βγάλτε το κρέας των αστακών από το κέλυφος και κόψτε το σε φέτες 2 εκ. Ψήστε τες σε καυτή λαδωμένη πλάκα μπάρμπεκιου και σερβίρετε με τη σάλτσα.

**Σάλτσα κάρυ:** Ανακατώστε σε κατσαρόλι κρέμα γάλακτος, κρασί και κάρυ και ζεστάνετέ τα ανακατώνοντας σε χαμηλή φωτιά δίχως να βράσουν ώσπου να πηχτώσει ελαφρά η σάλτσα. Ανακατώστε μέσα το λεμόνι, τον κολίανδρο και το σκορδόπρασο και ζεστάνετε δίχως να βράσει.
Μερίδες 4.

**Κατάψυξη:** Όχι.

**Φούρνος μικροκυμάτων:** Όχι.

## ΣΑΡΔΕΛΕΣ ΜΑΡΙΝΑΤΕΣ ΣΕ ΑΜΠΕΛΟΦΥΛΛΟ

*Μαρινάρετε τις σαρδέλες για μια νύχτα.*

- **20 σαρδέλες**
- **1/2 φλιτζάνι ελαιόλαδο**
- **2 κουταλιές σαμπάλ οελέκ**
- **1/4 φλιτζανιού κρασόξυδο**
- **2 κουταλιές μαϊντανός ψιλοκομμένος**
- **2 κουταλιές χυμός μήλου**
- **200 γρ. αμπελόφυλλα πλυμένα, στεγνωμένα**
- **6 φρέσκα κρεμμυδάκια**

Αφαιρέστε το μεσαίο κόκαλο από τις σαρδέλες. Ανακατώστε σε μπολ λάδι, σαμπάλ οελέκ, ξύδι, μαϊντανό, χυμό και σαρδέλες και βάλτε τα στο ψυγείο αρκετές ώρες ή ολόκληρη τη νύχτα.
Κόψτε κάθε αμπελόφυλλο στη μέση κατά μήκος και τυλίξτε κάθε σαρδέλα σ' ένα κομμάτι φύλλο. Κόψτε τα φρέσκα κρεμμυδάκια σε λωρίδες κατά μήκος και δέστε κάθε σαρδέλα με μια λωρίδα. Ψήστε τις σαρδέλες στη σχάρα.
Μερίδες 6.

**Κατάψυξη:** Όχι.

**Φούρνος μικροκυμάτων:** Όχι.

## ΚΑΡΑΒΙΔΕΣ ΜΕ ΡΙΓΑΝΗ

*Καλύτερα να προετοιμαστεί την προηγουμένη.*

- **20 καραβίδες**
- **1/4 φλιτζανιού ξερό άσπρο κρασί**
- **1/4 φλιτζανιού χυμός λεμονιού**
- **1/4 φλιτζανιού ελαιόλαδο**
- **2 κουταλιές φρέσκια ρίγανη ψιλοκομμένη**
- **1 κουταλιά φρέσκος βασιλικός ψιλοκομμένος**
- **2 σκελίδες σκόρδο πολτοποιημένο**

Ανακατώστε καραβίδες, κρασί, χυμό, λάδι, μυρωδικά και σκόρδο σε μπολ, σκεπάστε και βάλτε τα στο ψυγείο αρκετές ώρες ή ολόκληρη τη νύχτα γυρνώντας κάθε τόσο. Ψήστε σε καυτή λαδωμένη πλάκα μπάρμπεκιου αλείφοντας κάθε τόσο με τη μαρινάτα.
Μερίδες 10.

**Κατάψυξη:** Όχι.

**Φούρνος μικροκυμάτων:** Όχι.

*ΔΕΞΙΑ: Επάνω: Καραβίδες με ρίγανη. Κάτω: Σαρδέλες μαρινάτες σε αμπελόφυλλο.*

*Κάτω: Αστακός με σάλτσα κάρυ.*

*Επάνω αριστερά: Ψάρι γεμιστό με φρούτα. Επάνω δεξιά: Τόνος φέτα με μυρωδικά. Κάτω: Ψάρι με σάλτσα βουτύρου και κάρδαμου.*

## ΤΟΝΟΣ ΦΕΤΑ ΜΕ ΜΥΡΩΔΙΚΑ

*Μπορεί να προετοιμαστεί την προηγουμένη.*

- **6 φέτες τόνου**
- **1/2 φλιτζάνι μαϊντανός ψιλοκομμένος**
- **1/4 φλιτζανιού φρέσκος κολίανδρος ψιλοκομμένος**
- **1/3 φλιτζανιού φρέσκος βασιλικός ψιλοκομμένος**
- **2 κουταλιές φρέσκο θυμάρι ψιλοκομμένο**
- **1 φλιτζάνι ελαιόλαδο**
- **2 σκελίδες σκόρδο πολτοποιημένο**
- **1/4 φλιτζανιού χυμός λεμονιού**

Αφαιρέστε την πέτσα από τον τόνο και βάλτε τον σε μπολ. Ανακατώστε μυρωδικά, λάδι, σκόρδο και λεμόνι, περιχύστε τον τόνο και βάλτε τον στο ψυγείο αρκετές ώρες ή ολόκληρη τη νύχτα. Ψήστε το ψάρι σε καυτή πλάκα μπάρμπεκιου αλείφοντας κάθε τόσο με τη μαρινάτα.
Μερίδες 6.

**Κατάψυξη:** Όχι.

**Φούρνος μικροκυμάτων:** Όχι.

## ΨΑΡΙ ΓΕΜΙΣΤΟ ΜΕ ΦΡΟΥΤΑ

*Καλύτερα να γίνει λίγο πριν σερβίρετε.*

- **1/2 φλιτζάνι ανάμεικτα ξερά φρούτα ψιλοκομμένα**
- **1/2 φλιτζάνι φρυγανιά τριμμένη**
- **1/2 φλιτζάνι ρύζι βρασμένο**
- **2 κουταλιές χυμός λεμονιού**
- **1/2 φλιτζάνι πικάντικο τυρί τριμμένο**
- **1 αυγό**
- **2 μέτριοι σαργοί**
- **40 γρ. βούτυρο ψιλοκομμένο**

Ανακατώστε σε μπολ φρούτα, φρυγανιά, ρύζι, χυμό, τυρί και αυγό. Γεμίστε με το μείγμα την κοιλιά των ψαριών. Βάλτε τα σε αλουμινόχαρτο, βάλτε επάνω κομματάκια βούτυρο και τυλίξτε τα. Ψήστε τα στη σχάρα.
Μερίδες 2.

**Κατάψυξη:** Όχι.

**Φούρνος μικροκυμάτων:** Όχι.

## ΨΑΡΙ ΜΕ ΣΑΛΤΣΑ ΒΟΥΤΥΡΟΥ ΚΑΙ ΚΑΡΔΑΜΟΥ

*Καλύτερα να γίνει λίγο πριν σερβίρετε.*

- **500 γρ. φιλέτα ψαριού**
- **1 κουταλάκι πιπέρι**

ΣΑΛΤΣΑ ΒΟΥΤΥΡΟΥ ΚΑΙ ΚΑΡΔΑΜΟΥ

- **2 φλιτζάνια νερό**
- **1 κύβος ζωμός κότας θρυμματισμένος**
- **5 σπόροι κάρδαμου τσακισμένοι**
- **1 κουταλιά χυμός λεμονιού**
- **2 κουταλάκια ξερό άσπρο κρασί**
- **125 γρ. βούτυρο ψιλοκομμένο**

Αφαιρέστε την πέτσα από το ψάρι, κόψτε τα φιλέτα στη μέση κατά μήκος και πασπαλίστε με το πιπέρι. Ψήστε τα σε καυτή λαδωμένη πλάκα μπάρμπεκιου και σερβίρετε με τη σάλτσα βουτύρου και κάρδαμου.

**Σάλτσα βουτύρου και κάρδαμου:** Ανακατώστε σε κατσαρόλι νερό, κύβο, κάρδαμο, λεμόνι και κρασί και βράστε τα ξεσκέπαστα περίπου 30΄ ώσπου να μείνει 1/4 φλιτζανιού. Στραγγίστε και χτυπήστε μέσα το βούτυρο λίγο λίγο.
Μερίδες 4.

**Κατάψυξη:** Όχι.

**Φούρνος μικροκυμάτων:** Όχι.

# ΠΟΥΛΕΡΙΚΑ

## ΚΟΤΟΠΟΥΛΟ ΜΕ ΚΑΛΑΜΠΟΚΙ, ΜΠΕΪΚΟΝ ΚΑΙ ΜΥΡΩΔΙΚΑ

*Μπορεί να προετοιμαστεί την προηγουμένη.*

- **6 πόδια κοτόπουλου**

ΓΕΜΙΣΗ

- **1 κουταλιά φρέσκο εστραγκόν ψιλοκομμένο** • **1 μικρό πράσο ψιλοκομμένο**
- **1 κουταλιά φρέσκος βασιλικός ψιλοκομμένος**
- **3 φέτες μπέικον ψιλοκομμένες**
- **2 κουταλάκια φρέσκο φασκόμηλο ψιλοκομμένο**
- **2 κουταλάκια φρέσκο δενδρολίβανο ψιλοκομμένο**
- **1 αυγό**
- **130 γρ. κονσέρβα κρέμα καλαμποκιού**
- **1 $^{1}/_{2}$ φλιτζάνι παλιό ψωμί τριμμένο**

Ξεκολλήστε το κρέας από το μπούτι κάθε ποδιού και αφαιρέστε το κόκαλο. Γεμίστε την κοιλότητα με τη γέμιση και κλείστε τη με οδοντογλυφίδα. Ψήστε τα πόδια σε καυτή λαδωμένη πλάκα.

**Γέμιση:** Σωτάρετε μπέικον και πράσο ώσπου να μαλακώσει το πράσο. Στραγγίστε πάνω σε απορροφητικό χαρτί. Ανακατώστε το μείγμα μπέικον με τα μυρωδικά, το καλαμπόκι, το ψωμί και το αυγό.
Μερίδες 6.

**Κατάψυξη:** Όχι.

**Φούρνος μικροκυμάτων:** Όχι.

## ΚΟΤΟΠΟΥΛΟ ΜΕ ΓΕΜΙΣΗ ΕΣΠΕΡΙΔΟΕΙΔΩΝ ΚΑΙ ΚΟΛΟΚΥΘΑΣ

- **12 φιλέτα στήθους κοτόπουλου**

ΓΕΜΙΣΗ ΚΟΛΟΚΥΘΑΣ

- **15 γρ. βούτυρο**
- **6 φρέσκα κρεμμυδάκια ψιλοκομμένα**
- **2 κουταλάκια ξύσμα πορτοκαλιού**
- **1 κουταλάκι ξύσμα πράσινου λεμονιού** • **1 κρόκος αυγού**
- **1 φλιτζάνι παλιό ψωμί τριμμένο**
- **1 κουταλιά χυμός πορτοκαλιού**
- **2 κουταλάκια χυμός πράσινου λεμονιού** • **$^{1}/_{4}$ φλιτζανιού μαύρη ζάχαρη**
- **1 $^{1}/_{2}$ φλιτζάνι βρασμένη κολοκύθα, πολτοποιημένη**

ΜΑΡΙΝΑΤΑ

- **$^{1}/_{4}$ φλιτζανιού ελαιόλαδο**
- **$^{1}/_{4}$ φλιτζανιού χυμός πορτοκαλιού**
- **1 κουταλιά χυμός πράσινου λεμονιού**
- **$^{1}/_{4}$ κουταλάκι μοσχοκάρυδο αλεσμένο**
- **$^{1}/_{4}$ κουταλάκι κανέλα αλεσμένη**
- **1 κουταλιά μέλι**

Κόψτε κάθε φιλέτο στο πλάι σχηματίζοντας μια βαθιά θήκη. Γεμίστε τις θήκες με τη γέμιση και στερεώστε με οδοντογλυφίδες. Βάλτε τα φιλέτα σε μία στρώση σε ρηχό σκεύος, περιχύστε με τη μαρινάτα και βάλτε τα στο ψυγείο αρκετές ώρες.
Ψήστε τα φιλέτα σε καυτή λαδωμένη πλάκα μπάρμπεκιου. Περιχύστε με την υπόλοιπη μαρινάτα πριν σερβίρετε.

**Γέμιση κολοκύθας:** Ζεστάνετε το βούτυρο σε κατσαρόλα και σωτάρετε τα φρέσκα κρεμμυδάκια. Ανακατώστε μέσα τα ξύσματα και τους χυμούς, βράστε 1΄, κατεβάστε από τη φωτιά και ανακατώστε μέσα ψωμί, ζάχαρη, κρόκο και κολοκύθα.

**Μαρινάτα:** Ανακατώστε καλά όλα τα υλικά.
Μερίδες 12.

**Κατάψυξη:** Όχι.

**Φούρνος μικροκυμάτων:** Όχι.

*Επάνω: Κοτόπουλο με καλαμπόκι, μπέικον και μυρωδικά.*
*Κάτω: Κοτόπουλο με γέμιση εσπεριδοειδών και κολοκύθας.*

## ΚΟΚΟΡΑΚΙΑ ΜΕ ΒΟΥΤΥΡΟ ΕΣΤΡΑΓΚΟΝ

*Μπορεί να προετοιμαστεί 3 ώρες νωρίτερα.*

- **2 κοκοράκια των 500 γρ.**

ΒΟΥΤΥΡΟ ΕΣΤΡΑΓΚΟΝ

- **1 κουταλιά χυμός λεμονιού**
- **1 σκελίδα σκόρδο πολτοποιημένο**
- **3 κουταλάκια φρέσκο εστραγκόν ψιλοκομμένο** • **125 γρ. βούτυρο**

Κόψτε με ψαλίδι τη ραχοκοκαλιά από κάθε κοκοράκι και από τις δύο πλευρές. Αφαιρέστε και πετάξτε τη ραχοκοκαλιά. Κόψτε τα κοκοράκια στα δύο κατά μήκος του στήθους. Ξεκολλήστε με το δάχτυλό σας την πέτσα στα στήθη και τα πόδια και απλώστε κάτω από την πέτσα βούτυρο εστραγκόν. Περάστε κάθε κομμάτι σε καλαμάκι και ψήστε στα κάρβουνα ώσπου να μαλακώσουν.

**Βούτυρο εστραγκόν:** Ανακατώστε καλά όλα τα υλικά μέσα σε μπολ.
Μερίδες 4.

**Κατάψυξη:** Ναι.

**Φούρνος μικροκυμάτων:** Όχι.

*Κοκοράκια με βούτυρο εστραγκόν.*

## ΚΟΤΟΠΟΥΛΟ ΤΡΑΓΑΝΙΣΤΟ ΜΕ ΚΑΥΤΕΡΗ ΣΑΛΤΣΑ

*Μπορεί να προετοιμαστεί την προηγουμένη.*

- **12 φιλέτα από μπούτι κοτόπουλου**
- **4 σκελίδες σκόρδο πολτοποιημένο**
- **3/4 φλιτζανιού άσπρο ξύδι**
- **2 κουταλιές μαύρο ρούμι**

ΚΑΥΤΕΡΗ ΣΑΛΤΣΑ

- **1/4 φλιτζανιού κόκκινη καυτερή πιπεριά ψιλοκομμένη** • **1/4 φλιτζανιού νερό**
- **2 κουταλιές φρέσκο τζίντζερ ψιλοκομμένο** • **2 κουταλιές άσπρο ξύδι**
- **1/3 φλιτζανιού χυμός λεμονιού**
- **1/4 φλιτζανιού ελαφριά σάλτσα σόγιας**
- **2 κουταλιές μαύρη ζάχαρη**

Αφαιρέστε το λίπος από τα φιλέτα και κόψτε τα σε λεπτές λωρίδες. Ανακατώστε σε μπολ κοτόπουλο, σκόρδο και ξύδι και βάλτε τα στο ψυγείο αρκετές ώρες.
Στραγγίστε καλά το κοτόπουλο και πετάξτε τη μαρινάτα. Ψήστε το κοτόπουλο σε καυτή λαδωμένη πλάκα μπάρμπεκιου ώσπου να ροδίσει καλά γύρω γύρω, περιχύστε με το ρούμι και ανάψτε το. Αφήστε να σβήσει η φλόγα πριν το βάλετε στα πιάτα. Σερβίρετε με την καυτερή σάλτσα.

**Καυτερή σάλτσα:** Ανακατώστε καλά όλα τα υλικά σε κατσαρόλι και ζεστάνετε ανακατώνοντας δίχως να βράσει το μείγμα, ώσπου να λιώσει η ζάχαρη. Αφήστε να πάρει βράση και κατεβάστε από τη φωτιά.
Μερίδες 6.

**Κατάψυξη:** Όχι.

**Φούρνος μικροκυμάτων:** Όχι.

## ΚΟΤΟΠΟΥΛΟ ΜΕ ΝΤΟΜΑΤΑ ΚΑΙ ΘΥΜΑΡΙ

*Καλύτερα να προετοιμαστεί την προηγουμένη.*

- **16 γάμπες κοτόπουλου**
- **1/4 φλιτζανιού ντοματοπολτός**
- **1 κουταλιά φρέσκο θυμάρι ψιλοκομμένο** • **1 κουταλιά άσπρο ξύδι**
- **1/4 φλιτζανιού σάλτσα γουόρστερσάιρ**
- **1/4 φλιτζανιού ελαιόλαδο**

Κάντε δύο βαθιές διαγώνιες χαρακιές σε κάθε γάμπα με κοφτερό μαχαίρι. Ανακατώστε σε μπολ κοτόπουλο, ντοματοπολτό, θυμάρι, ξύδι, σάλτσα και λάδι και βάλτε τα στο ψυγείο αρκετές ώρες. Ψήστε το κοτόπουλο στα κάρβουνα ώσπου να μαλακώσει.
Μερίδες 8.

**Κατάψυξη:** Ναι.

**Φούρνος μικροκυμάτων:** Ναι.

*ΔΕΞΙΑ: Επάνω: Κοτόπουλο τραγανιστό με καυτερή σάλτσα.*
*Κάτω: Κοτόπουλο με ντομάτα και θυμάρι.*

## ΟΡΤΥΚΙΑ ΚΑΙ ΚΡΕΜΜΥΔΙΑ ΜΕ ΜΕΛΙ

*Τα ορτύκια μπορούν να προετοιμαστούν 2 μέρες νωρίτερα.*

- **8 ορτύκια**

ΜΑΡΙΝΑΤΑ

- **1/3 φλιτζανιού πράσινο κρασί τζίντζερ**
- **2 κουταλιές πιπέρια σετσουάν τσακισμένα**
- **1 1/2 κουταλιά χυμός λεμονιού**
- **1 κουταλιά φρέσκο τζίντζερ τριμμένο**
- **2 σκελίδες σκόρδο πολτοποιημένο**
- **2 κουταλάκια σουσαμέλαιο**
- **1 κουταλάκι μπούκοβο**
- **8 σπόροι γλυκάνισου τσακισμένοι**

ΚΡΕΜΜΥΔΙΑ ΜΕ ΜΕΛΙ

- **1 κουταλιά λάδι**
- **2 κρεμμύδια κομμένα σε φέτες**
- **2 κουταλάκια μέλι**

Κόψτε με ψαλίδι τις ραχοκοκαλιές των ορτυκιών και από τις δύο πλευρές. Αφαιρέστε και πετάξτε τις ραχοκοκαλιές. Πατήστε με την παλάμη σας τα ορτύκια ν' ανοίξουν και να πλατύνουν. Μ' ένα μικρό κοφτερό μαχαίρι αφαιρέστε τις πλευρές από το στήθος. Ανακατώστε τα ορτύκια με τη μαρινάτα σε μπολ και βάλτε τα στο ψυγείο αρκετές ώρες ή ολόκληρη τη νύχτα.
Ψήστε τα ορτύκια στα κάρβουνα ώσπου να μαλακώσουν και σερβίρετε με τα κρεμμύδια με μέλι.

**Μαρινάτα:** Ανακατώστε καλά όλα τα υλικά μέσα σε μπολ.

**Κρεμμύδια με μέλι:** Ζεστάνετε το λάδι στην πλάκα του μπάρμπεκιου και ψήστε τα κρεμμύδια ώσπου να μαλακώσουν και να ροδίσουν ελαφρά. Ανακατώστε τα με το μέλι.
Μερίδες 4.

**Κατάψυξη:** Όχι.

**Φούρνος μικροκυμάτων:** Όχι.

*Ορτύκια και κρεμμύδια με μέλι.*

*Κοτόπουλο με γέμιση μυρωδικών.*

## ΚΟΤΟΠΟΥΛΟ ΜΕ ΓΕΜΙΣΗ ΜΥΡΩΔΙΚΩΝ

*Μπορεί να προετοιμαστεί 3 ώρες νωρίτερα.*

- **1 κοτόπουλο 1.500 γρ.**

ΓΕΜΙΣΗ ΜΥΡΩΔΙΚΩΝ

- **1 κλαδάκι σέλινο ψιλοκομμένο**
- **8 φρέσκα κρεμμυδάκια ψιλοκομμένα**
- **1 1/2 φλιτζάνι παλιό ψωμί τριμμένο**
- **2 φέτες μπέικον ψιλοκομμένες**
- **1 κουταλάκι ξύσμα λεμονιού**
- **1 κουταλάκι φρέσκο θυμάρι ψιλοκομμένο**
- **90 γρ. τυρί κρέμα**
- **1 κουταλάκι φρέσκο εστραγκόν ψιλοκομμένο**
- **1/3 φλιτζανιού κουκουνάρι**
- **1 κουταλάκι φρέσκο δενδρολίβανο ψιλοκομμένο**

Κόψτε τη ραχοκοκαλιά του κοτόπουλου και από τις δύο πλευρές και αφαιρέστε την. Αναποδογυρίστε το κοτόπουλο και πατήστε το να γίνει επίπεδο. Με τα δάχτυλά σας ξεκολλήστε την πέτσα στο στήθος και τα πόδια και βάλτε τη γέμιση κάτω από την πέτσα. Βάλτε το κοτόπουλο σε ζεσταμένο σκεπαστό μπάρμπεκιου ή σε γάστρα με την πέτσα προς τα πάνω και ψήστε περίπου 1 1/2 ώρα ώσπου να μαλακώσει και να ροδίσει.

**Γέμιση μυρωδικών:** Χτυπήστε το τυρί και ανακατώστε μέσα τα υπόλοιπα υλικά.
Μερίδες 4.

**Κατάψυξη:** Ναι.

**Φούρνος μικροκυμάτων:** Όχι.

## ΠΟΔΙΑ ΚΟΤΟΠΟΥΛΟΥ ΤΥΛΙΧΤΑ ΣΕ ΜΠΕΪΚΟΝ

*Μπορεί να γίνει μερικές ώρες νωρίτερα.*

- **12 γάμπες κοτόπουλου**
- **1 κουταλιά λάδι**
- **12 φέτες μπέικον**
- **1 κουταλιά μείγμα πιπεριού**

Κόψτε το μπέικον σε λωρίδες 1 εκ. Τυλίξτε κάθε γάμπα με μπέικον και στερεώστε το με οδοντογλυφίδες. Αλείψτε ελαφρά με λάδι και πασπαλίστε με πιπέρι. Ψήστε σε καυτή λαδωμένη πλάκα μπάρμπεκιου.
Μερίδες 6.

**Κατάψυξη:** Όχι.

**Φούρνος μικροκυμάτων:** Όχι.

## ΠΟΔΙΑ ΚΟΤΟΠΟΥΛΟΥ ΓΕΜΙΣΤΑ ΜΕ ΦΙΣΤΙΚΙ ΚΑΙ ΜΠΕΪΚΟΝ

*Μπορεί να προετοιμαστεί την προηγουμένη.*

- **12 γάμπες κοτόπουλου**

ΓΕΜΙΣΗ ΦΙΣΤΙΚΙ ΜΕ ΜΠΕΪΚΟΝ

- **2 φέτες μπέικον ψιλοκομμένες**
- **2 φρέσκα κρεμμυδάκια ψιλοκομμένα**
- **1 μικρή κόκκινη πιπεριά ψιλοκομμένη**
- **1/2 φλιτζάνι παλιό ψωμί τριμμένο**
- **1/2 φλιτζάνι φιστίκι Αιγίνης κοπανισμένο**
- **1 αυγό**
- **1 μικρό κολοκυθάκι τριμμένο**
- **1 κουταλιά μουστάρδα με σπόρους**

Κόψτε το κρέας γύρω από τη λεπτή άκρη του ποδιού. Ξεκολλήστε το κρέας από το κόκαλο σπρώχνοντας προς την άλλη άκρη ώσπου να βγει το κόκαλο εντελώς. Το κρέας πρέπει να είναι αναποδογυρισμένο. Αφαιρέστε τους τένοντες και γυρίστε το κρέας με την πέτσα προς τα έξω. Γεμίστε την κοιλότητα του ποδιού με τη γέμιση και κλείστε τις άκρες του με οδοντογλυφίδες. Ψήστε το κοτόπουλο σε καυτή λαδωμένη πλάκα μπάρμπεκιου.

**Γέμιση φιστίκι με μπέικον:** Τηγανίστε το μπέικον. Ανακατώστε κρεμμυδάκια, κολοκυθάκι και πιπεριά, ανακατώνοντας 1'. Ανακατώστε ψωμί, φιστίκι, μουστάρδα και αυγό.
Μερίδες 6.

**Κατάψυξη:** Όχι.

**Φούρνος μικροκυμάτων:** Όχι.

*ΔΕΞΙΑ: Επάνω: Πόδια κοτόπουλου τυλιχτά σε μπέικον. Κάτω: Πόδια κοτόπουλου γεμιστά με φιστίκι και μπέικον.*

## ΦΙΛΕΤΟ ΚΟΤΟΠΟΥΛΟΥ ΜΕ ΘΑΛΑΣΣΙΝΑ

*Καλύτερα να γίνει λίγο πριν σερβίρετε.*

- **30 γρ. βούτυρο**
- **2 σκελίδες σκόρδο πολτοποιημένο**
- **1 κρεμμύδι ψιλοκομμένο**
- **1/4 φλιτζανιού ξερό άσπρο κρασί**
- **2/3 φλιτζανιού κρέμα γάλακτος**
- **250 γρ. χτένια κομμένα σε φέτες**
- **250 γρ. γαρίδες ωμές, ψιλοκομμένες**
- **1/4 φλιτζανιού μαϊντανός ψιλοκομμένος • 4 φιλέτα στήθους κοτόπουλου**

Σωτάρετε στο βούτυρο σκόρδο και κρεμμύδι. Ανακατώστε μέσα κρασί, κρέμα γάλακτος, χτένια και γαρίδες, αφήστε να πάρουν βράση και σιγοβράστε τα να μαλακώσουν. Στραγγίστε τα θαλασσινά και κρατήστε τα υγρά. Ανακατώστε θαλασσινά και μαϊντανό. Ανοίξτε το πλάι κάθε φιλέτου, γεμίστε με τα θαλασσινά και κλείστε το άνοιγμα με οδοντογλυφίδες. Ψήστε τα σε κατσαρόλα πάνω στα κάρβουνα να ροδίσουν ελαφρά. Προσθέστε το υγρό που κρατήσατε και σιγοβράστε τα ξεσκέπαστα. Περιχύστε με όση σάλτσα περίσσεψε.
Μερίδες 4.

**Κατάψυξη:** Όχι.

**Φούρνος μικροκυμάτων:** Όχι.

*ΑΡΙΣΤΕΡΑ: Επάνω: Ορτύκια πικάντικα. Κάτω: Φιλέτο κοτόπουλου με θαλασσινά.*

## ΟΡΤΥΚΙΑ ΠΙΚΑΝΤΙΚΑ

*Καλύτερα να γίνει την προηγουμένη.*

- **8 ορτύκια • 1/2 φλιτζάνι κέτσαπ**
- **1/2 φλιτζάνι ελαιόλαδο**
- **1/2 φλιτζάνι σάλτσα μπάρμπεκιου**
- **2 κουταλιές σάλτσα σόγιας**
- **1 σκελίδα σκόρδο πολτοποιημένο**
- **1/4 φλιτζανιού χυμός λεμονιού**
- **2 μικρές κόκκινες καυτερές πιπεριές ψιλοκομμένες • 1/4 φλιτζανιού μέλι**

Αφαιρέστε τη ραχοκοκαλιά από τα ορτύκια. Κόψτε τα στη μέση. Περάστε κάθε κομμάτι σε 2 καλαμάκια κατά πλάτος. Ανακατώστε τα υπόλοιπα υλικά, αλείψτε τα ορτύκια με το μείγμα. Περιχύστε με το υπόλοιπο μείγμα και βάλτε τα στο ψυγείο αρκετές ώρες. Ψήστε τα ορτύκια σε καυτή λαδωμένη πλάκα μπάρμπεκιου.
Μερίδες 4.
**Κατάψυξη:** Όχι.

**Φούρνος μικροκυμάτων:** Όχι.

*Γαλοπούλα με γέμιση φρούτων.*

## ΓΑΛΟΠΟΥΛΑ ΜΕ ΓΕΜΙΣΗ ΦΡΟΥΤΩΝ

*Μπορεί να γίνει 3 ώρες νωρίτερα.*

- **1 πόδι γαλοπούλας έτοιμο για ψήσιμο**

ΓΕΜΙΣΗ ΦΡΟΥΤΩΝ
- **30 γρ. βούτυρο λιωμένο**
- **3/4 φλιτζανιού ανάμεικτα ξερά φρούτα ψιλοκομμένα**
- **1/2 φλιτζάνι παλιό ψωμί τριμμένο**
- **2 κουταλάκια φρέσκο τζίντζερ τριμμένο • 2 κουταλάκια ξύσμα λεμονιού**
- **2 κουταλάκια φρέσκο θυμάρι ψιλοκομμένο • 1 κρεμμύδι ψιλοκομμένο**

Ξεκολλήστε την πέτσα της γαλοπούλας και απλώστε από κάτω τη γέμιση. Βάλτε τη σε καυτό κλειστό μπάρμπεκιου ή σε γάστρα και ψήστε 1 1/2 ώρα περίπου.

**Γέμιση φρούτων:** Ανακατώστε καλά όλα τα υλικά.
Μερίδες 4.

**Κατάψυξη:** Ναι.

**Φούρνος μικροκυμάτων:** Όχι.

## ΚΟΤΟΠΟΥΛΑΚΙΑ ΜΕ ΣΑΛΤΣΑ ΣΤΑΦΙΔΑΣ ΚΑΙ ΠΟΛΕΝΤΑ

*Μπορεί να προετοιμαστεί την προηγουμένη. Η πολέντα καλύτερα να γίνει λίγο πριν σερβίρετε.*

- **4 κοτοπουλάκια των 500 γρ.**
- **1/4 φλιτζανιού χυμός πορτοκαλιού**
- **1/4 φλιτζανιού λάδι • 1/2 φλιτζάνι νερό**
- **2 κουταλιές μαϊντανός ψιλοκομμένος**
- **1 κουταλιά κρασόξυδο**
- **1/4 φλιτζανιού σταφίδα σουλτανίνα**
- **2 κουταλιές λικέρ γρεναδίνη**
- **1 κουταλιά τεκίλα**
- **1 κύβος ζωμός κότας θρυμματισμένος**
- **2 κουταλάκια κορνφλάουρ**

ΠΟΛΕΝΤΑ

- **2 φλιτζάνια γάλα • 80 γρ. βούτυρο**
- **1 φλιτζάνι καλαμποκάλευρο • 1 αυγό**
- **1 φλιτζάνι παρμεζάνα τριμμένη**

Κόψτε τα κοτοπουλάκια στη μέση κατά μήκος, αφαιρέστε και πετάξτε τις ραχοκοκαλιές. Ανακατώστε σε μπολ χυμό, λάδι, μαϊντανό, σταφίδα, γρεναδίνη, τεκίλα και κύβο, βάλτε μέσα τα κοτόπουλα και βάλτε τα στο ψυγείο αρκετές ώρες ή ολόκληρη τη νύχτα. Στραγγίστε τα κοτόπουλα και κρατήστε τη μαρινάτα. Βάλτε τη μαρινάτα σε κατσαρόλι να βράσει, ανακατώστε μέσα το κορνφλάουρ διαλυμένο στο νερό και ανακατώνετε ώσπου να βράσει και να πηχτώσει η σάλτσα. Κρατήστε τη ζεστή.
Ψήστε στη σχάρα τα κοτόπουλα και από τις δύο πλευρές ώσπου να μαλακώσουν. Σερβίρετε με τη σάλτσα και την πολέντα.

**Πολέντα:** Λαδώστε ελαφρά μια λαμαρίνα 20x30 εκ. Ζεστάνετε το γάλα σε κατσαρόλα σε χαμηλή φωτιά, ρίξτε το βούτυρο και ανακατώστε ώσπου να λιώσει. Ρίξτε το καλαμποκάλευρο λίγο λίγο και ανακατώστε ώσπου να βράσει και να πηχτώσει το μείγμα. Σιγοβράστε το σκεπασμένο 5′ ανακατώνοντας 2 φορές. Κατεβάστε από τη φωτιά και ανακατώστε μέσα το αυγό και την παρμεζάνα. Απλώστε το μείγμα ομοιόμορφα στη λαμαρίνα και ψήστε σε μέτριο φούρνο 10′. Κόψτε σε τρίγωνα όταν κρυώσει.
Μερίδες 8.

**Κατάψυξη:** Όχι.

**Φούρνος μικροκυμάτων:** Όχι.

*Επάνω: Κοτοπουλάκια με σάλτσα σταφίδας και πολέντα.*
*Κάτω: Γαλοπούλα με γλάσο λεμονιού.*

## ΓΑΛΟΠΟΥΛΑ ΜΕ ΓΛΑΣΟ ΛΕΜΟΝΙΟΥ

*Μπορεί να προετοιμαστεί 2 μέρες νωρίτερα.*

- **500 γρ. ρολό γαλοπούλας ψημένο**

ΜΑΡΙΝΑΤΑ ΛΕΜΟΝΙΟΥ

- **1/2 φλιτζάνι μαρμελάδα πράσινου λεμονιού**
- **1/4 φλιτζανιού χυμός πορτοκαλιού**
- **1 κουταλιά μουστάρδα με σπόρους**
- **2 κουταλάκια φρέσκο τζίντζερ τριμμένο • 1 κουταλάκι ξύσμα πορτοκαλιού**
- **2 κουταλάκια φρέσκο θυμάρι ψιλοκομμένο • 1 κουταλιά μαύρη ζάχαρη**

Κόψτε το ρολό γαλοπούλας σε 6 φέτες, απλώστε τες σε ρηχό σκεύος, περιχύστε με τη μαρινάτα και βάλτε τες στο ψυγείο αρκετές ώρες ή ολόκληρη τη νύχτα.
Ψήστε τη γαλοπούλα πάνω σε καυτή λαδωμένη πλάκα μπάρμπεκιου ώσπου να ροδίσει ελαφρά. Περιχύστε με τη μαρινάτα και ψήστε ώσπου να σχηματιστεί γλάσο.

**Μαρινάτα πράσινου λεμονιού:** Ανακατώστε όλα τα υλικά σε κατσαρόλι και ζεστάνετε ανακατώνοντας δίχως να βράσουν, ώσπου να αναμειχθούν.
Μερίδες 6.

**Κατάψυξη:** Όχι.

**Φούρνος μικροκυμάτων:** Όχι.

## ΟΡΤΥΚΙΑ ΚΑΥΤΕΡΑ ΜΕ ΜΕΛΙ

*Μπορεί να προετοιμαστεί την προηγουμένη.*

- **8 ορτύκια**

ΜΑΡΙΝΑΤΑ

- **1/2 φλιτζάνι ελαφριά σάλτσα σόγιας**
- **1/4 φλιτζανιού ξερό κόκκινο κρασί**
- **1/4 φλιτζανιού κρασί μαδέρας**
- **2 κουταλιές μέλι • 2 κουταλιές λάδι**
- **2 σκελίδες σκόρδο πολτοποιημένο**
- **1 κουταλάκι φρέσκο τζίντζερ τριμμένο • 1/4 κουταλάκι σαμπάλ οελέκ**
- **1 κουταλάκι μουστάρδα με σπόρους**
- **1/2 κουταλάκι μείγμα μπαχαρικών**

Κόψτε τα ορτύκια στη μέση κατά μήκος. Ανακατώστε τα με τη μαρινάτα σε μπολ και βάλτε τα στο ψυγείο αρκετές ώρες ή ολόκληρη τη νύχτα γυρνώντας τα μερικές φορές.
Ψήστε τα ορτύκια στη σχάρα αλείφοντας κάθε τόσο με τη μαρινάτα.

**Μαρινάτα:** Ανακατώστε καλά όλα τα υλικά μέσα σε μπολ.
Μερίδες 4.

**Κατάψυξη:** Όχι.

**Φούρνος μικροκυμάτων:** Όχι.

*Επάνω: Κοτόπουλο γεμιστό με βερίκοκο. Κάτω δεξιά: Ορτύκια καυτερά με μέλι. Κάτω αριστερά: Πικάντικο κοτόπουλο με γιαούρτι.*

## ΚΟΤΟΠΟΥΛΟ ΓΕΜΙΣΤΟ ΜΕ ΒΕΡΙΚΟΚΟ

*Μπορεί να προετοιμαστεί την προηγουμένη.*

- **6 φιλέτα στήθους κοτόπουλου**
- **2 κουταλιές λάδι**

ΓΕΜΙΣΗ ΒΕΡΙΚΟΚΟΥ

- **1 φλιτζάνι ξερά βερίκοκα ψιλοκομμένα** • **1 κουταλιά ξύσμα λεμονιού**
- **$^3/_4$ φλιτζανιού παλιό ψωμί τριμμένο**
- **$^1/_2$ φλιτζάνι καρύδι κοπανισμένο**
- **1 κουταλιά φρέσκος κολίανδρος ψιλοκομμένος** • **90 γρ. βούτυρο λιωμένο**
- **$^1/_4$ φλιτζανιού χυμός λεμονιού**

ΣΑΛΤΣΑ ΒΕΡΙΚΟΚΟ ΜΕ ΜΠΡΑΝΤΙ

- **30 γρ. βούτυρο** • **1 φλιτζάνι νερό**
- **1 κρεμμύδι ψιλοκομμένο**
- **1 φλιτζάνι νέκταρ βερίκοκου**
- **1 κύβος ζωμός κότας θρυμματισμένος**
- **2 κουταλιές μπράντι**
- **1 κουταλιά κορνφλάουρ**
- **1 κουταλιά νερό επιπλέον**

Κάντε ένα άνοιγμα στο πλάι κάθε φιλέτου, γεμίστε το με τη γέμιση και κλείστε με οδοντογλυφίδες. Ψήστε στη σχάρα αλείφοντας συχνά με λάδι ώσπου να μαλακώσουν. Σερβίρετε με τη σάλτσα.

**Γέμιση βερίκοκου:** Ανακατώστε καλά όλα τα υλικά μέσα σε μπολ.

**Σάλτσα βερίκοκο με μπράντι:** Λιώστε το βούτυρο σε κατσαρόλι και σωτάρετε το κρεμμύδι. Ανακατώστε μέσα νέκταρ, κύβο και μπράντι, αφήστε να πάρουν βράση και σιγοβράστε τα ξεσκέπαστα ώσπου να μείνει το $^1/_3$ από το μείγμα. Ανακατώστε μέσα το κορνφλάουρ διαλυμένο στο επιπλέον νερό και βράστε ανακατώνοντας ώσπου να πηχτώσει η σάλτσα.

Μερίδες 6.

**Κατάψυξη:** Ναι.

**Φούρνος μικροκυμάτων:** Όχι.

## ΚΟΤΟΠΟΥΛΟ ΠΙΚΑΝΤΙΚΟ ΜΕ ΓΙΑΟΥΡΤΙ

*Μπορεί να προετοιμαστεί την προηγουμένη.*

- **1 κιλό φιλέτα από πόδι κοτόπουλου**
- **1 φλιτζάνι γιαούρτι**
- **1 κρεμμύδι ψιλοκομμένο**
- **2 σκελίδες σκόρδο πολτοποιημένο**
- **1 κουταλιά φρέσκος κολίανδρος ψιλοκομμένος** • **μια πρέζα κόκκινο πιπέρι**
- **2 κουταλάκια κύμινο αλεσμένο**
- **2 κουταλάκια τούρμερικ**
- **2 κουταλιές φρέσκος δυόσμος ψιλο-**

κομμένος • 1 κουταλιά χυμός λεμονιού
• 4 φρέσκα κρεμμυδάκια σε φέτες

Ανακατώστε τα φιλέτα σε μπολ με τα υπόλοιπα υλικά και βάλτε τα στο ψυγείο αρκετές ώρες. Ψήστε τα φιλέτα σε καυτή λαδωμένη πλάκα μπάρμπεκιου ώσπου να μαλακώσουν.
Μερίδες 4.

**Κατάψυξη:** Όχι.

**Φούρνος μικροκυμάτων:** Όχι.

## ΦΤΕΡΟΥΓΕΣ ΚΟΤΟΠΟΥΛΟΥ ΜΕ ΛΕΜΟΝΙ ΚΑΙ ΤΖΙΝΤΖΕΡ

*Μπορεί να προετοιμαστεί την προηγουμένη.*

**• 1/4 φλιτζανιού ελαφριά σάλτσα σόγιας**
**• 2 κουταλάκια ξύσμα λεμονιού**
**• 1 κουταλιά κρασί μιρίν**
**• 2 σκελίδες σκόρδο πολτοποιημένο**
**• 2 κουταλάκια φρέσκο τζίντζερ τριμμένο • 1/2 κουταλάκι πάπρικα**
**1 1/2 κιλό φτερούγες κοτόπουλου**

Ανακατώστε σε μπολ σάλτσα, ξύσμα λεμονιού, μιρίν, σκόρδο, τζίντζερ και πάπρικα. Ανακατώστε μέσα τις φτερούγες και βάλτε τα στο ψυγείο αρκετές ώρες ή ολόκληρη τη νύχτα.
Ψήστε τις φτερούγες στη σχάρα αλείφοντας με τη μαρινάτα κάθε τόσο.
Μερίδες 6.

**Κατάψυξη:** Ναι.

**Φούρνος μικροκυμάτων:** Ναι.

## ΚΟΤΟΛΕΤΕΣ ΚΟΤΟΠΟΥΛΟΥ ΜΕ ΣΟΥΣΑΜΙ

*Μπορεί να προετοιμαστεί την προηγουμένη.*

**• 2 σκελίδες σκόρδο πολτοποιημένο**
**• 2 κουταλάκια φρέσκο τζίντζερ τριμμένο • 2 κουταλάκια σουσαμέλαιο**
**• 2 κουταλιές ελαφριά σάλτσα σόγιας**
**• 1/3 φλιτζανιού σάλτσα μπάρμπεκιου**
**• 1 1/2 κιλό κοτολέτες από πόδι κοτόπουλου • 1 κουταλιά σουσάμι**

Ανακατώστε σε μπολ σκόρδο, τζίντζερ, σάλτσες και λάδι. Ανακατώστε μέσα τις κοτολέτες και βάλτε τες στο ψυγείο αρκετές ώρες ή ολόκληρη τη νύχτα.
Ψήστε τις κοτολέτες στη σχάρα αλείφοντας κάθε τόσο με τη μαρινάτα. Πασπαλίστε με το σουσάμι πριν σερβίρετε.
Μερίδες 4.

**Κατάψυξη:** Ναι.

**Φούρνος μικροκυμάτων:** Όχι.

## ΚΟΤΟΠΟΥΛΟ ΜΕ ΚΑΜΑΜΠΕΡ ΚΑΙ ΣΚΟΡΔΟ

*Μπορεί να προετοιμαστεί την προηγουμένη.*

**• 250 γρ. τυρί καμαμπέρ**
**• 3 σκελίδες σκόρδο πολτοποιημένο**
**• 1/3 φλιτζανιού μαϊντανός ψιλοκομμένος • 8 φιλέτα στήθους κοτόπουλου**
**• 2 κουταλιές φρέσκος βασιλικός ψιλοκομμένος • 1 κουταλιά λάδι**
**• 1 κουταλιά κουκουνάρι**

Αφαιρέστε τη φλούδα του τυριού και πολτοποιήστε το μέσα σε μπολ. Ανακατώστε μέσα σκόρδο, μαϊντανό, βασιλικό, λάδι και κουκουνάρι. Κάντε ένα άνοιγμα στο πλάι κάθε φιλέτου, γεμίστε με το μείγμα τυριού και κλείστε με οδοντογλυφίδες. Ψήστε τα φιλέτα σε καυτή λαδωμένη πλάκα μπάρμπεκιου ώσπου να ροδίσουν καλά και να μαλακώσουν.
Μερίδες 4.

**Κατάψυξη:** Όχι.

**Φούρνος μικροκυμάτων:** Όχι.

*Επάνω αριστερά: Κοτόπουλο με καμαμπέρ και σκόρδο.*
*Επάνω δεξιά: Κοτολέτες κοτόπουλου με σουσάμι.*
*Κάτω: Φτερούγες κοτόπουλου με λεμόνι και τζίντζερ.*

# ΑΡΝΙ

*Αρνί με κουκουνάρια κέδρου.*

## ΑΡΝΙ ΜΕ ΚΟΥΚΟΥΝΑΡΙΑ ΚΕΔΡΟΥ

*Μπορεί να προετοιμαστεί την προηγουμένη.*

- **2 ½ κιλά μπούτι αρνιού**
- **2 σκελίδες σκόρδο σε φέτες**
- **4 ξερά κουκουνάρια κέδρου κομμένα στη μέση**
- **45 γρ. βούτυρο λιωμένο**
- **1 κουταλάκι ξύσμα λεμονιού**
- **2 κουταλιές χυμός λεμονιού**
- **2 κουταλιές φρέσκος βασιλικός ψιλοκομμένος**
- **2 κουταλιές φρέσκος δυόσμος ψιλοκομμένος**

Αφαιρέστε το πολύ λίπος από το αρνί. Μ' ένα κοφτερό μαχαίρι ανοίξτε τρύπες στο κρέας και χώστε μέσα μια φέτα σκόρδο και μισό κουκουνάρι.

Ανακατώστε τα υπόλοιπα υλικά σε μπολ και αλείψτε καλά το κρέας. Ψήστε το μπούτι σε καυτό κλειστό μπάρμπεκιου ή σε γάστρα ώσπου να μαλακώσει.

Μερίδες 6.

**Κατάψυξη:** Όχι.

**Φούρνος μικροκυμάτων:** Όχι.

## ΑΡΝΙ ΤΗΓΑΝΗΤΟ ΜΕ ΛΑΧΑΝΙΚΑ

*Ζητήστε από το χασάπη να αφαιρέσει το κόκαλο από το μπούτι. Μπορεί να προετοιμαστεί την προηγουμένη.*

- **1 $^1/_2$ κιλό μπούτι αρνιού χωρίς κόκαλο, κομμένο σε μπουκιές**
- **2 κουταλιές ελαφριά σάλτσα σόγιας**
- **1 κουταλάκι σουσαμέλαιο**
- **1 κουταλιά λάδι • $^1/_2$ φλιτζάνι νερό**
- **1 αυγό ελαφρά χτυπημένο**
- **2 σκελίδες σκόρδο πολτοποιημένο**
- **1 κουταλιά κορνφλάουρ**
- **1 κύβος ζωμός κότας θρυμματισμένος**
- **$^1/_4$ φλιτζανιού λάδι επιπλέον**
- **1 κόκκινη πιπεριά χοντροκομμένη**
- **230 γρ. κονσέρβα βλαστάρια μπαμπού σε φέτες, στραγγισμένα**
- **6 φρέσκα κρεμμυδάκια χοντροκομμένα • 2 κρεμμύδια χοντροκομμένα**

Ανακατώστε αρνί, σάλτσα, λάδια, αυγό, σκόρδο, κορνφλάουρ, κύβο και νερό και βάλτε τα στο ψυγείο αρκετές ώρες ή όλη τη νύχτα. Ζεστάνετε το επιπλέον λάδι στην πλάκα του μπάρμπεκιου ή σε τηγάνι και τηγανίστε το αρνί σε δύο δόσεις ώσπου να ροδίσει. Κατεβάστε το από τη φωτιά. Τηγανίστε τα κρεμμύδια ώσπου να μαλακώσουν. Ξαναβάλτε το αρνί στο τηγάνι ή την πλάκα μαζί με τα υπόλοιπα υλικά και ανακατώστε ώσπου να μαλακώσει το αρνί.
Μερίδες 4.

**Κατάψυξη:** Όχι.

**Φούρνος μικροκυμάτων:** Όχι.

## ΑΡΝΙ ΜΕ ΛΕΜΟΝΙ ΚΑΙ ΡΙΓΑΝΗ

*Ζητήστε από το χασάπη να αφαιρέσει το κόκαλο από το μπούτι και να το ανοίξει. Καλύτερα να προετοιμαστεί την προηγουμένη.*

- **1 $^1/_2$ κιλό μπούτι αρνιού ανοιγμένο**
- **$^1/_3$ φλιτζανιού ελαιόλαδο**
- **$^1/_2$ φλιτζάνι χυμός λεμονιού**
- **2 κουταλιές κρασόξυδο**
- **2 σκελίδες σκόρδο πολτοποιημένο**
- **2 κουταλιές μαϊντανός ψιλοκομμένος**
- **1 κουταλάκι ξερή ρίγανη**

Βάλτε το αρνί σε μεγάλο ρηχό σκεύος, ανακατώστε με τα υπόλοιπα υλικά και βάλτε το στο ψυγείο αρκετές ώρες ή ολόκληρη τη νύχτα.
Βγάλτε το αρνί από τη μαρινάτα, κρατήστε τη μαρινάτα. Ψήστε το αρνί στη σχάρα αλείφοντας με τη μαρινάτα.
Μερίδες 6.

**Κατάψυξη:** Όχι.

**Φούρνος μικροκυμάτων:** Όχι.

*Επάνω: Αρνί με λεμόνι και ρίγανη.*
*Κάτω: Αρνί τηγανητό με λαχανικά.*

## ΚΡΕΑΤΟΠΙΤΕΣ ΑΡΝΙΟΥ

*Η γέμιση μπορεί να γίνει 2 μέρες νωρίτερα. Οι πίτες μπορούν να γίνουν την προηγουμένη.*

ΖΥΜΗ

- **2 $^{1}/_{2}$ φλιτζάνια κοινό αλεύρι • 1 αυγό**
- **1 κρόκος αυγού • 2 κουταλιές λάδι**
- **$^{1}/_{2}$ φλιτζάνι περίπου ζεστό νερό**
- **1 αυγό επιπλέον, ελαφρά χτυπημένο**

ΓΕΜΙΣΗ

- **3 μέτριες πατάτες • 1 κουταλιά λάδι**
- **1 κρεμμύδι ψιλοκομμένο**
- **1 σκελίδα σκόρδο πολτοποιημένο**
- **1 $^{1}/_{2}$ κουταλιά λεμονόχορτο ψιλοκομμένο • 1 $^{1}/_{2}$ κουταλάκι σαμπάλ οελέκ**
- **$^{3}/_{4}$ κουταλάκι κύμινο αλεσμένο**
- **$^{1}/_{2}$ κουταλάκι τούρμερικ**
- **$^{1}/_{2}$ κουταλάκι τζίντζερ σκόνη**
- **500 γρ. κιμάς αρνίσιος**

**Ζύμη:** Κοσκινίστε το αλεύρι σε μπολ, κάντε ένα κοίλωμα στη μέση, ρίξτε το αυγό, τον κρόκο και το λάδι και τόσο νερό, που να γίνει μαλακή ζύμη όταν το ζυμώσετε. Ζυμώστε πάνω σε ελαφρά αλευρωμένη επιφάνεια ώσπου η ζύμη να γίνει μπάλα. Πετάξτε με δύναμη την μπάλα πάνω στην επιφάνεια 100 φορές και ζυμώστε την 5′ (έτσι η ζύμη γίνεται ελαφριά). Πλάστε τη σε μπάλα, βάλτε τη σε ελαφρά λαδωμένο σκεύος, σκεπάστε και αφήστε τη σε ζεστό μέρος 45′. Χωρίστε τη ζύμη σε 8 ίσα κομμάτια. Ανοίξτε ένα πάνω σε ελαφρά αλευρωμένη επιφάνεια σε πάχος 1 εκ. αλευρώστε τα χέρια σας, χώστε τα κάτω από τη ζύμη κι αρχίστε να την τραβάτε από το κέντρο προς τα έξω ώσπου να γίνει λεπτή και να σχηματίσει ένα τετράγωνο 25 εκ.

Βάλτε το 1/8 της γέμισης στο κέντρο της ζύμης, διπλώστε την από πάνω, αλείψτε τις άκρες με το επιπλέον αυγό και διπλώστε ώστε να σχηματιστεί ένα τετράγωνο. Επαναλάβετε με την υπόλοιπη ζύμη και γέμιση. Ψήστε τις πίτες σε καυτή λαδωμένη πλάκα μπάρμπεκιου ώσπου να ροδίσουν καλά.

**Γέμιση:** Κόψτε τις πατάτες σε κύβους $^{1}/_{2}$ εκ. και βράστε τες ώσπου να μαλακώσουν. Στραγγίστε. Ζεστάνετε το λάδι σε τηγάνι και σωτάρετε το κρεμμύδι και το σκόρδο. Προσθέστε λεμονόχορτο, σαμπάλ οελέκ, κύμινο, τούρμερικ και τζίντζερ και ανακατώστε 1′. Προσθέστε τον κιμά και σωτάρετε ανακατώνοντας ώσπου να ροδίσει. Ανακατώστε μέσα τις πατάτες και αφήστε να κρυώσει η γέμιση.

Βγαίνουν 8 κομμάτια.

**Κατάψυξη:** Όχι.

**Φούρνος μικροκυμάτων:** Όχι.

*Κρεατόπιτες αρνιού.*

## ΑΡΝΙ ΜΕ ΜΥΡΩΔΙΚΑ

*Καλύτερα να προετοιμαστεί την προηγουμένη.*

- **1 κουταλιά φρέσκο δενδρολίβανο ψιλοκομμένο • 4 φέτες από μπούτι αρνιού**
- **1 κουταλιά φρέσκο εστραγκόν ψιλοκομμένο • $^{1}/_{3}$ φλιτζανιού χυμός λεμονιού**
- **1 κουταλιά μαϊντανός ψιλοκομμένος**
- **1 κουταλιά σκορδόπρασο ψιλοκομμένο • $^{1}/_{2}$ φλιτζάνι ελαιόλαδο**

Ανακατώστε σε ρηχό σκεύος τα μυρωδικά, το λάδι και το λεμόνι. Βάλτε μέσα το αρνί, γυρίστε το να σκεπαστεί με τη μαρινάτα και βάλτε το στο ψυγείο αρκετές ώρες. Ψήστε το στη σχάρα αλείφοντας με τη μαρινάτα.

Μερίδες 4.

**Κατάψυξη:** Όχι.

**Φούρνος μικροκυμάτων:** Όχι.

## ΠΑΪΔΑΚΙΑ ΜΑΡΙΝΑΤΑ ΜΕ ΚΥΜΙΝΟ

*Καλύτερα να προετοιμαστεί την προηγουμένη.*

- **12 αρνίσια παϊδάκια**
- **$^{1}/_{2}$ φλιτζάνι χυμός ανανά**
- **1 κουταλιά σπόροι κύμινου**
- **2 κουταλιές ζελέ φραγκοστάφυλου**

Ανακατώστε όλα τα υλικά σε μπολ και βάλτε τα στο ψυγείο αρκετές ώρες. Ψήστε τα στη σχάρα αλείφοντας με τη μαρινάτα.

Μερίδες 6.

**Κατάψυξη:** Ναι.

**Φούρνος μικροκυμάτων:** Όχι.

## ΑΡΝΙ ΜΑΡΙΝΑΤΟ ΜΕ ΜΕΛΙ ΚΑΙ ΣΟΥΣΑΜΙ

*Μπορεί να προετοιμαστεί 2 μέρες νωρίτερα.*

- **2 κομμάτια των 500 γρ. στρογγυλό αρνιού**

ΜΑΡΙΝΑΤΑ

- **$^{1}/_{2}$ φλιτζάνι μέλι**
- **$^{1}/_{4}$ φλιτζανιού ελαφριά σάλτσα σόγιας**
- **1 κουταλάκι σπόροι κολίανδρου**
- **1 κουταλάκι σουσάμι**
- **$^{1}/_{4}$ φλιτζανιού κρασόξυδο**

Βάλτε το αρνί σε μπολ, προσθέστε τη μαρινάτα και βάλτε το στο ψυγείο αρκετές ώρες. Ψήστε το στη σχάρα αλείφοντας με τη μαρινάτα ώσπου να μαλακώσει.

**Μαρινάτα:** Ανακατώστε καλά όλα τα υλικά μέσα σε μπολ.

Μερίδες 6.

**Κατάψυξη:** Όχι.

**Φούρνος μικροκυμάτων:** Όχι.

*ΔΕΞΙΑ: Επάνω αριστερά: Αρνί με μυρωδικά. Επάνω δεξιά: Παϊδάκια μαρινάτα με κύμινο. Κάτω: Αρνί μαρινάτο με μέλι και σουσάμι.*

## ΑΡΝΙ ΓΕΜΙΣΤΟ ΜΕ ΚΟΥΣΚΟΥΣ

*Ζητήστε από το χασάπη να αφαιρέσει το κόκαλο από το μπούτι χωρίς να το ανοίξει. Μπορεί να προετοιμαστεί την προηγουμένη.*

- **½ φλιτζάνι βραστό νερό**
- **½ φλιτζάνι κουσκούς**
- **15 γρ. βούτυρο**
- **1 κρεμμύδι ψιλοκομμένο**
- **1 κολοκυθάκι τριμμένο**
- **3 φρέσκα κρεμμυδάκια ψιλοκομμένα**
- **½ κουταλάκι μείγμα μπαχαρικών**
- **2 κουταλιές ντοματοπολτός**
- **¼ φλιτζανιού σταφίδα σουλτανίνα**
- **½ φλιτζάνι γλυκό σέρι**
- **2 κιλά μπούτι αρνιού ολόκληρο χωρίς κόκαλο**

ΓΛΑΣΟ ΝΤΟΜΑΤΑΣ

- **1 κουταλιά ντοματοπολτός**
- **1 κουταλιά γλυκό σέρι**
- **¼ κουταλάκι μείγμα μπαχαρικών**

Βάλτε σε μπολ το κουσκούς με το νερό και αφήστε το περίπου 5′ ώσπου να απορροφηθεί όλο το νερό. Ζεστάνετε το βούτυρο σε κατσαρόλα και σωτάρετε το κρεμμύδι ώσπου να μαλακώσει. Ανακατώστε μέσα κολοκυθάκι, φρέσκα κρεμμυδάκια, μπαχαρικά, ντοματοπολτό, σταφίδα και σέρι, αφήστε να πάρει βράση, ανακατώστε μέσα το κουσκούς και αφήστε να κρυώσει. Βάλτε τη γέμιση μέσα στο άνοιγμα και δέστε το μπούτι με σπάγκο. Ψήστε το μπούτι σε κλειστό μπάρμπεκιου ή σε γάστρα αλείφοντας με το γλάσο. Αφήστε το 10′ και κόψτε το σε φέτες.

**Γλάσο ντομάτας:** Ανακατώστε καλά όλα τα υλικά μέσα σε μπολ.
Μερίδες 8.

**Κατάψυξη:** Όχι.

**Φούρνος μικροκυμάτων:** Όχι.

*Επάνω: Αρνί γεμιστό με κουσκούς. Κάτω: Αρνί ρολό με φιστίκι και γλάσο ρεπανιού.*

## ΑΡΝΙ ΡΟΛΟ ΜΕ ΦΙΣΤΙΚΙ ΚΑΙ ΓΛΑΣΟ ΡΕΠΑΝΙΟΥ

*Ζητήστε από το χασάπη να αφαιρέσει το κόκαλο από το αρνί. Μπορεί να γίνει την προηγουμένη.*

- **1 φλιτζάνι νερό**
- **1 κουταλιά κρέμα ρεπανιού**
- **½ κουταλάκι τούρμερικ**
- **⅓ φλιτζανιού ρύζι νυχάκι**
- **4 φρέσκα κρεμμυδάκια ψιλοκομμένα**
- **⅓ φλιτζανιού φρέσκος βασιλικός ψιλοκομμένος**
- **⅓ φλιτζανιού μαϊντανός ψιλοκομμένος**
- **⅓ φλιτζανιού ψημένα, ανάλατα φιστίκια κάσιους, κοπανισμένα**
- **1 σκελίδα σκόρδο πολτοποιημένο**
- **2 κιλά σπάλα αρνιού χωρίς κόκαλο**

ΓΛΑΣΟ ΡΕΠΑΝΙΟΥ

- **2 κουταλάκια κρέμα ρεπανιού**
- **1 κουταλιά λάδι**

Βράστε το νερό με το τούρμερικ σε κατσαρόλα, ρίξτε το ρύζι και βράστε το ξεσκέπαστο 8′. Στραγγίστε και αφήστε να κρυώσει. Ανακατώστε ρύζι, κρέμα, φρέσκα κρεμμυδάκια, μυρωδικά, φιστίκια και σκόρδο σε μπολ.
Ανοίξτε το κρέας με την πέτσα προς τα κάτω, βάλτε στη μέση τη γέμιση, τυλίξτε και δέστε το ρολό με σπάγκο. Ψήστε το ρολό σε κλειστό καυτό μπάρμπεκιου ή σε γάστρα, αλείφοντας με το γλάσο ώσπου να μαλακώσει.

**Γλάσο ρεπανιού:** Ανακατώστε καλά όλα τα υλικά μέσα σε μπολ.
Μερίδες 8.

**Κατάψυξη:** Ναι.

**Φούρνος μικροκυμάτων:** Όχι.

## ΝΕΦΡΑ ΑΡΝΙΣΙΑ ΣΟΥΒΛΑΚΙ ΜΕ ΣΑΛΤΣΑ ΜΟΥΣΤΑΡΔΑΣ

*Μπορεί να προετοιμαστεί 3 ώρες νωρίτερα.*

- **16 νεφρά αρνίσια**
- **8 φέτες μπέικον κομμένες στη μέση**
- **60 γρ. βούτυρο λιωμένο**

ΣΑΛΤΣΑ ΜΟΥΣΤΑΡΔΑΣ

- **300 γρ. πηχτή κρέμα γάλακτος**
- **¼ φλιτζανιού ξερό κόκκινο κρασί**
- **2 κουταλάκια ντοματοπολτός**
- **3 κουταλάκια γαλλική μουστάρδα**

*Επάνω: Νεφρά αρνίσια σουβλάκι με σάλτσα μουστάρδας. Κάτω: Παϊδάκια με κρούστα λεμονιού και σκόρδου.*

Αφαιρέστε τη μεμβράνη από τα νεφρά, κόψτε τα στη μέση κατά μήκος και αφαιρέστε την καρδιά τους. Τυλίξτε τα μισά σε μπέικον και περάστε τα σε καλαμάκια εναλλάξ με σκέτα νεφρά. Ψήστε τα σουβλάκια αλείφοντας κάθε τόσο με βούτυρο. Σερβίρετε με τη σάλτσα.

**Σάλτσα μουστάρδας:** Ανακατώστε σε κατσαρόλι κρέμα γάλακτος, κρασί και ντοματοπολτό και ζεστάνετέ τα ανακατώνοντας ώσπου να πηχτώσει ελαφρά η σάλτσα. Ανακατώστε μέσα τη μουστάρδα. Μερίδες 4.

**Κατάψυξη:** Όχι.

**Φούρνος μικροκυμάτων:** Όχι.

## ΠΑΪΔΑΚΙΑ ΜΕ ΚΡΟΥΣΤΑ ΛΕΜΟΝΙΟΥ ΚΑΙ ΣΚΟΡΔΟΥ

*Μπορεί να προετοιμαστεί την προηγουμένη.*

- **4 κομμάτια από στήθος αρνιού με 4 παϊδάκια το καθένα**

ΚΡΟΥΣΤΑ ΛΕΜΟΝΙΟΥ ΜΕ ΣΚΟΡΔΟ

- **1 φλιτζάνι παλιό ψωμί τριμμένο**
- **2 κουταλάκια ξύσμα λεμονιού**
- **1/4 φλιτζανιού μαϊντανός ψιλοκομμένος**
- **45 γρ. βούτυρο λιωμένο**
- **2 σκελίδες σκόρδο πολτοποιημένο**

Αφαιρέστε το πολύ λίπος από τα παϊδάκια και σκεπάστε τα κόκαλα με αλουμινόχαρτο. Πατήστε το μείγμα κρούστας να κολλήσει στην εξωτερική πλευρά κάθε κομματιού και βάλτε τα στο ψυγείο αρκετές ώρες. Ψήστε τα παϊδάκια σε κλειστό μπάρμπεκιου ή σε γάστρα.

**Κρούστα λεμονιού με σκόρδο:** Ανακατώστε καλά όλα τα υλικά μέσα σε μπολ. Μερίδες 4.

**Κατάψυξη:** Όχι.

**Φούρνος μικροκυμάτων:** Όχι.

## ΠΙΚΑΝΤΙΚΕΣ ΝΟΥΑΖΕΤΕΣ

*Μπορεί να μαριναριστεί 2 μέρες νωρίτερα.*

- **8 αρνίσιες νουαζέτες (μόνο το ψαχνό από τα παϊδάκια)**
- **2 κουταλιές ινδοκάρυδο ψημένο**
- **1 κουταλιά φρέσκος κολίανδρος ψιλοκομμένος**

ΜΑΡΙΝΑΤΑ ΚΑΡΥ

- **1 κουταλάκι σκόνη κάρυ**
- **3/4 κουταλάκι κολίανδρος αλεσμένος**
- **1/2 φλιτζάνι τσάτνεϊ μάγκο**
- **2 κουταλιές λάδι**
- **2 κουταλιές νερό**
- **1 κουταλιά ινδοκάρυδο**

Ανακατώστε σε μπολ το κρέας με τη μαρινάτα και βάλτε το στο ψυγείο 30΄. Ψήστε τις νουαζέτες στη σχάρα ώσπου να μαλακώσουν. Πριν σερβίρετε, κυλίστε τις άκρες τους μέσα σε μείγμα ινδοκάρυδου και αλεσμένου κολίανδρου.

**Πικάντικη μαρινάτα:** Χτυπήστε στο μπλέντερ κάρυ, κολίανδρο, τσάτνεϊ, λάδι και νερό να γίνουν ομοιόμορφο μείγμα και ανακατώστε μέσα το ινδοκάρυδο.
Μερίδες 4.

**Κατάψυξη:** Ναι.

**Φούρνος μικροκυμάτων:** Όχι.

## ΣΟΥΒΛΑΚΙΑ ΑΡΝΙΣΙΑ ΜΕ ΒΟΥΤΗΜΑ ΓΙΑΟΥΡΤΙΟΥ

*Μπορεί να προετοιμαστεί την προηγουμένη.*

- **750 γρ. φιλέτο αρνιού**

ΜΑΡΙΝΑΤΑ

- **1 κουταλιά χυμός λεμονιού**
- **1 κουταλιά ντοματοπολτός**
- **1/4 φλιτζανιού τσάτνεϊ μάγκο**
- **2 κουταλιές νερό**
- **2 κουταλάκια φρέσκο τζίντζερ τριμμένο**
- **1 κουταλιά φρέσκος κολίανδρος ψιλοκομμένος**

ΒΟΥΤΗΜΑ ΓΙΑΟΥΡΤΙΟΥ

- **1 φλιτζάνι γιαούρτι**
- **2 κουταλιές φρέσκος δυόσμος ψιλοκομμένος**
- **2 κουταλιές τσάτνεϊ μάγκο**

Κόψτε τα φιλέτα κατά μήκος σε 3 λωρίδες. Περάστε τις λωρίδες σε καλαμάκια, βάλτε τα σε ρηχό σκεύος, περιχύστε με τη μαρινάτα και βάλτε τα στο ψυγείο αρκετές ώρες ή ολόκληρη τη νύχτα.
Ψήστε τα σουβλάκια σε καυτή λαδωμένη πλάκα μπάρμπεκιου ώσπου να μαλακώσουν, αλείφοντας με τη μαρινάτα. Σερβίρετε με το βούτημα γιαουρτιού.

**Μαρινάτα:** Ανακατώστε καλά όλα τα υλικά μέσα σε μπολ.

**Βούτημα γιαουρτιού:** Ανακατώστε καλά όλα τα υλικά μέσα σε μπολ.
Μερίδες 4.

**Κατάψυξη:** Ναι.

**Φούρνος μικροκυμάτων:** Όχι.

*Αριστερά: Πικάντικες νουαζέτες. Δεξιά: Σουβλάκια αρνίσια με βούτημα γιαουρτιού.*

*Επάνω: Αρνίσιες μπριζόλες με δυόσμο. Κάτω: Καφτεροί κεφτέδες αρνίσιοι με καλαμπόκι.*

## ΑΡΝΙΣΙΕΣ ΜΠΡΙΖΟΛΕΣ ΜΕ ΔΥΟΣΜΟ

*Μπορεί να γίνει την προηγουμένη.*

- **6 μπριζόλες από μπούτι αρνιού**
- **1/2 φλιτζάνι χυμός λεμονιού**
- **1/2 φλιτζάνι ξερό άσπρο κρασί**
- **1/4 φλιτζανιού φρέσκος δυόσμος ψιλοκομμένος • 1/4 φλιτζανιού μέλι**
- **1 σκελίδα σκόρδο πολτοποιημένο**

Αφαιρέστε το λίπος από τις μπριζόλες. Ανακατώστε τες με χυμό λεμονιού, κρασί, δυόσμο, σκόρδο και μέλι και βάλτε τες στο ψυγείο αρκετές ώρες. Ψήστε τες στη σχάρα αλείφοντας με τη μαρινάτα.

Μερίδες 6.

**Κατάψυξη:** Ναι.

**Φούρνος μικροκυμάτων:** Όχι.

## ΚΑΥΤΕΡΟΙ ΚΕΦΤΕΔΕΣ ΑΡΝΙΣΙΟΙ ΜΕ ΚΑΛΑΜΠΟΚΙ

*Καλύτερα να γίνει την προηγουμένη.*

- **440 γρ. κονσέρβα καλαμπόκι στραγγισμένο • 1 κιλό κιμάς αρνίσιος**
- **1/2 κουταλάκι μείγμα ξερών μυρωδικών • 1 κρεμμύδι ψιλοκομμένο**
- **1 σκελίδα σκόρδο πολτοποιημένο**
- **1 κουταλιά καυτερή σάλτσα • 1 αυγό**
- **1/4 φλιτζανιού μαϊντανός ψιλοκομμένος • 2 κλαδάκια σέλινο ψιλοκομμένο**
- **2 κουταλιές φρέσκια ρίγανη ψιλοκομμένη • 1 καρότο τριμμένο**
- **1 φλιτζάνι παλιό ψωμί τριμμένο**
- **1 κουταλιά σάλτσα γουόρστερσάιρ**

Ζυμώστε τα υλικά. Ψήστε τα κεφτεδάκια σε καυτή λαδωμένη πλάκα μπάρμπεκιου. Βγαίνουν περίπου 18 κομμάτια.

**Κατάψυξη:** Ναι.

**Φούρνος μικροκυμάτων:** Όχι.

*Μπούτι αρνίσιο γεμιστό με σπανάκι και ζαμπόν.*

## ΜΠΟΥΤΙ ΑΡΝΙΣΙΟ ΓΕΜΙΣΤΟ ΜΕ ΣΠΑΝΑΚΙ ΚΑΙ ΖΑΜΠΟΝ

*Ζητήστε από το χασάπη να αφαιρέσει το κόκαλο από το μπούτι χωρίς να το ανοίξει. Καλύτερα να γίνει την ίδια μέρα.*

**• 4 φέτες ζαμπόν από μπούτι ψιλοκομμένες • 4 μεγάλα φύλλα σπανάκι**
**• 125 γρ. τυρί μοτσαρέλα τριμμένο**
**• 2 κουταλάκια γαλλική μουστάρδα**
**• ½ φλιτζάνι ξινή κρέμα γάλακτος**
**• 1 ½ κιλό μπούτι αρνιού χωρίς κόκαλο**

Χτυπήστε στο μπλέντερ ζαμπόν, τυρί, μουστάρδα, σπανάκι και κρέμα γάλακτος να γίνουν ομοιόμορφο μείγμα. Μ' αυτό γεμίστε το άνοιγμα από το κόκαλο του μπουτιού. Κλείστε το με οδοντογλυφίδες. Ψήστε το μπούτι σε καυτό σκεπαστό μπάρμπεκιου ή σε γάστρα.

Μερίδες 6-8.

**Κατάψυξη:** Όχι.

**Φούρνος μικροκυμάτων:** Όχι.

## ΑΡΝΙ ΠΙΚΑΝΤΙΚΟ ΜΕ ΑΜΥΓΔΑΛΑ

*Μπορεί να προετοιμαστεί την προηγουμένη.*

**• 6 φέτες από μπούτι αρνιού**

ΜΑΡΙΝΑΤΑ

**• ¼ φλιτζανιού φρέσκος δυόσμος ψιλοκομμένος**
**• 1 κουταλιά αμύγδαλο κοπανισμένο**
**• 1 κουταλιά λεμονόχορτο ψιλοκομμένο • ½ φλιτζάνι χυμός λεμονιού**
**• 2 κουταλάκια γκαράμ μασάλα**
**• 1 κουταλιά φρέσκος κολίανδρος ψιλοκομμένος • ⅓ φλιτζανιού λάδι**
**• 2 κουταλάκια κύμινο αλεσμένο**

Ανακατώστε το κρέας με τη μαρινάτα και βάλτε τα στο ψυγείο αρκετές ώρες. Ψήστε στη σχάρα αλείφοντας με τη μαρινάτα.

**Μαρινάτα:** Ανακατώστε καλά όλα τα υλικά.

Μερίδες 6.

**Κατάψυξη:** Όχι.

**Φούρνος μικροκυμάτων:** Όχι.

## ΑΡΝΙ ΜΕ ΠΟΡΤΟΚΑΛΙ ΚΑΙ ΠΡΑΣΟ

*Μπορεί να προετοιμαστεί την προηγουμένη.*

**• 6 νουαζέτες αρνιού (μόνο το ψαχνό από τα παϊδάκια)**
**• 1 πράσο κομμένο σε φέτες**

ΜΑΡΙΝΑΤΑ

**• 1 ½ φλιτζάνι χυμός πορτοκαλιού**
**• ¼ φλιτζανιού λάδι**
**• 2 κουταλιές φρέσκο δενδρολίβανο ψιλοκομμένο • 2 κουταλιές μέλι**
**• 2 κουταλιές άσπρο ρούμι**

Ανακατώστε αρνί, πράσο και μαρινάτα και βάλτε τα στο ψυγείο αρκετές ώρες. Ψήστε αρνί και πράσο στη σχάρα αλείφοντας με τη μαρινάτα.

**Μαρινάτα:** Ανακατώστε καλά όλα τα υλικά μέσα σε μπολ.

Μερίδες 6.

**Κατάψυξη:** Όχι.

**Φούρνος μικροκυμάτων:** Όχι.

*ΔΕΞΙΑ: Επάνω: Αρνί πικάντικο με αμύγδαλα.*
*Κάτω: Αρνί με πορτοκάλι και πράσο.*

*Επάνω: Αρνίσια σουβλάκια λεμονάτα. Κάτω: Κεφτέδες αρνίσιοι με φακή.*

## ΑΡΝΙΣΙΑ ΣΟΥΒΛΑΚΙΑ ΛΕΜΟΝΑΤΑ

*Μπορεί να προετοιμαστεί την προηγουμένη.*

- **1/3 φλιτζανιού ελαιόλαδο**
- **1 κουταλάκι ξύσμα λεμονιού**
- **1/3 φλιτζανιού χυμός λεμονιού**
- **1 κρεμμύδι ψιλοκομμένο**
- **2 σκελίδες σκόρδο πολτοποιημένο**
- **1 κουταλιά μαϊντανός ψιλοκομμένος**
- **1/2 κουταλάκι πάπρικα**
- **2 1/2 κιλά κρέας από μπούτι αρνιού κομμένο για σουβλάκι**

Ανακατώστε λάδι, ξύσμα, χυμό, σκόρδο, μαϊντανό, πάπρικα και κρέας και βάλτε τα στο ψυγείο αρκετές ώρες. Περάστε το κρέας σε καλαμάκια και ψήστε το στη σχάρα αλείφοντας με τη μαρινάτα.

Μερίδες 6.

**Κατάψυξη:** Όχι.

**Φούρνος μικροκυμάτων:** Όχι.

## ΚΕΦΤΕΔΕΣ ΑΡΝΙΣΙΟΙ ΜΕ ΦΑΚΗ

*Η ζύμη μπορεί να προετοιμαστεί την προηγουμένη.*

- **1 φλιτζάνι κόκκινη φακή**
- **2 φλιτζάνια νερό**
- **500 γρ. κιμάς αρνίσιος**
- **1 φλιτζάνι πικάντικο τυρί τριμμένο**
- **3/4 φλιτζανιού παλιό ψωμί τριμμένο**
- **1 αυγό ελαφρά χτυπημένο**
- **1 κουταλιά μαϊντανός ψιλοκομμένος**
- **1 κουταλιά φρέσκος κολίανδρος ψιλοκομμένος** • **2 κουταλιές ταχίνι**

Πλύνετε τη φακή με κρύο νερό. Ανακατώστε φακή και νερό σε κατσαρόλα, αφήστε να πάρει βράση και σιγοβράστε την ξεσκέπαστη περίπου 15′. Πολτοποιήστε τη φακή και ζυμώστε τη μαζί με τα υλικά. Με αλευρωμένα χέρια χωρίστε τη ζύμη σε 18 μέρη. Πλάστε το καθένα σε κεφτέ. Ψήστε σε καυτή λαδωμένη πλάκα μπάρμπεκιου.

Μερίδες 6.

**Κατάψυξη:** Όχι.

**Φούρνος μικροκυμάτων:** Όχι.

# ΒΟΔΙΝΟ

*Αριστερά: Μπριζόλες μαρινάτες με μυρωδικά. Δεξιά: Βοδινό με πιπέρι και μαρσάλα.*

## ΒΟΔΙΝΟ ΜΕ ΠΙΠΕΡΙ ΚΑΙ ΜΑΡΣΑΛΑ

*Μπορεί να προετοιμαστεί 3 ώρες νωρίτερα.*

- **1 κιλό στρογγυλό βοδινό χωρίς κόκαλο**
- **2 κουταλιές κρασί μαρσάλα**
- **1 κουταλιά λάδι**
- **2 κουταλιές μείγμα πιπεριού**
- **1 κουταλιά σκορδόπρασο ψιλοκομμένο**
- **1 κουταλιά φρέσκο θυμάρι ψιλοκομμένο**

Ανακατώστε μαρσάλα και λάδι και αλείψτε το κρέας. Πασπαλίστε με τα υπόλοιπα υλικά. Σωτάρετε το κρέας σε λαδωμένη κατσαρόλα ώσπου να ροδίσει γύρω γύρω και ψήστε το σε σκεπαστό μπάρμπεκιου ή γάστρα ώσπου να μαλακώσει. Αφήστε το 10΄ και κόψτε σε φέτες πριν σερβίρετε.

Μερίδες 6.

**Κατάψυξη:** Όχι.

**Φούρνος μικροκυμάτων:** Όχι.

## ΜΠΡΙΖΟΛΕΣ ΜΑΡΙΝΑΤΕΣ ΜΕ ΜΥΡΩΔΙΚΑ

*Καλύτερα να προετοιμαστεί 2 μέρες νωρίτερα.*

- **2 κουταλιές μαύρα πιπέρια σπασμένα** • **1 $^{1}/_{4}$ φλιτζάνια λάδι**
- **2 κουταλιές φρέσκο δενδρολίβανο ψιλοκομμένο**
- **2 κουταλιές φρέσκο εστραγκόν ψιλοκομμένο**
- **1 κουταλιά φρέσκο θυμάρι ψιλοκομμένο** • **8 βοδινές μπριζόλες**

Ανακατώστε σε ρηχό σκεύος λάδι, πιπέρια και μυρωδικά, βάλτε τες μέσα τις μπριζόλες και γυρίστε τες να καλυφθούν από τη μαρινάτα. Βάλτε τις στο ψυγείο αρκετές ώρες ή ολόκληρη τη νύχτα γυρνώντας τες κάθε τόσο. Ψήστε τις μπριζόλες στη σχάρα ώσπου να μαλακώσουν.

Μερίδες 8.

**Κατάψυξη:** Όχι.

**Φούρνος μικροκυμάτων:** Όχι.

*Καυτερό βοδινό με λαχανικά.*

## ΚΑΥΤΕΡΟ ΒΟΔΙΝΟ ΜΕ ΛΑΧΑΝΙΚΑ

*Μπορεί να προετοιμαστεί την προηγουμένη.*

- **750 γρ. στρογγυλό βοδινό χωρίς κόκαλο**
- **1 κόκκινη πιπεριά σε λωρίδες**
- **2 σκελίδες σκόρδο πολτοποιημένο**
- **1 μικρή κόκκινη καυτερή πιπεριά ψιλοκομμένη**
- **1 κρεμμύδι σε φέτες**
- **2 κουταλάκια σάλτσα ψαριού**
- **2 κουταλάκια φρέσκο τζίντζερ τριμμένο • 2 κουταλιές λάδι**
- **2 κουταλάκια γκαράμ μασάλα**
- **440 γρ. κονσέρβα ολόκληρα μικρά καλαμπόκια στραγγισμένα**
- **2 κουταλιές χυμός πράσινου λεμονιού • 1 κουταλάκι κύμινο αλεσμένο**
- **2 κουταλιές φρέσκος κολίανδρος ψιλοκομμένος**

Κόψτε το κρέας σε μπουκιές. Ανακατώστε σε μπολ κρέας, λάδι, σκόρδο, κρεμμύδι, γκαράμ μασάλα, κύμινο, καυτερό, σάλτσα και τζίντζερ και βάλτε τα στο ψυγείο αρκετές ώρες ή ολόκληρη τη νύχτα.

Ψήστε το μείγμα πάνω σε καυτή πλάκα μπάρμπεκιου ανακατώνοντας ώσπου να ροδίσει. Προσθέστε την πιπεριά, το καλαμπόκι, το χυμό και τον κολίανδρο και ψήστε τα.

Μερίδες 4.

**Κατάψυξη:** Όχι.

**Φούρνος μικροκυμάτων:** Όχι.

## ΦΕΤΑ ΒΟΔΙΝΟΥ ΤΥΛΙΧΤΗ ΣΕ ΜΠΕΪΚΟΝ ΜΕ ΣΑΛΤΣΑ ΜΠΕΡΝΕΖ

*Μπορεί να γίνει την προηγουμένη.*

- **6 φέτες από βοδινό στρογγυλό**
- **150 γρ. πατέ**
- **2 κουταλιές μαϊντανός ψιλοκομμένος**
- **2 κουταλιές σκορδόπρασο ψιλοκομμένο**
- **1 κουταλιά φρέσκο εστραγκόν ψιλοκομμένο**
- **2 κουταλάκια μπράντι**
- **6 φέτες μπέικον**
- **2 κουταλιές λάδι**

ΣΑΛΤΣΑ ΜΠΕΡΝΕΖ

- **1/4 φλιτζανιού άσπρο ξύδι**
- **3 κόκκοι μαύρο πιπέρι**
- **2 κουταλάκια φρέσκο εστραγκόν ψιλοκομμένο**
- **2 φρέσκα κρεμμυδάκια ψιλοκομμένα**
- **2 κρόκοι αυγών**
- **125 γρ. βούτυρο**

Κόψτε τις φέτες στη μέση οριζόντια. Ανακατώστε σε μπολ πατέ, μυρωδικά και μπράντι. Αλείψτε με το μείγμα τις μισές φέτες κρέατος και βάλτε από πάνω τις άλλες μισές. Τυλίξτε με το μπέικον τις φέτες γύρω γύρω και στερεώστε με οδοντογλυφίδες. Ψήστε στη σχάρα αλείφοντας με λάδι ώσπου να μαλακώσει το κρέας. Σερβίρετε με τη σάλτσα.

**Σάλτσα μπερνέζ:** Ανακατώστε σε κατσαρόλι ξύδι, πιπέρια, εστραγκόν και φρέσκα κρεμμυδάκια, αφήστε να πάρουν βράση και σιγοβράστε τα ξεσκέπαστα ώσπου να μείνει η μισή ποσότητα. Σουρώστε το υγρό. Χτυπήστε στο μπλέντερ τους κρόκους με το υγρό. Ρίξτε λίγο λίγο το βούτυρο καυτό χτυπώντας συνεχώς ώσπου να πήξει το μείγμα και να γίνει ομοιόμορφο.

Μερίδες 6.

**Κατάψυξη:** Όχι.

**Φούρνος μικροκυμάτων:** Όχι.

*Φέτα βοδινού τυλιχτή σε μπέικον με σάλτσα μπερνέζ.*

## ΒΟΔΙΝΟ ΜΕ ΜΟΥΣΤΑΡΔΑ ΚΑΙ ΦΡΑΓΚΟΣΤΑΦΥΛΟ

*Καλύτερα να προετοιμαστεί την προηγουμένη.*

- **2 κιλά ψαχνό βοδινό**
- **2 κουταλιές φρέσκο εστραγκόν ψιλοκομμένο**
- **2 κουταλιές μαϊντανός ψιλοκομμένος**
- **1/4 φλιτζανιού κρασόξυδο**
- **1 κουταλιά μουστάρδα με σπόρους**
- **2 κουταλιές ζελέ φραγκοστάφυλου**
- **2 κύβοι ζωμός βοδινού θρυμματισμένοι**
- **1/4 φλιτζανιού λάδι**

Κόψτε το κρέας σε 10 φέτες και χτυπήστε τες να απλώσουν σε πάχος 0,5 εκ. Ανακατώστε σε μπολ κρέας, μυρωδικά, ξύδι, μουστάρδα, ζελέ, κύβους και λάδι και βάλτε τα στο ψυγείο αρκετές ώρες ή ολόκληρη τη νύχτα γυρνώντας κάθε τόσο.

Ψήστε το κρέας σε καυτή λαδωμένη πλάκα μπάρμπεκιου αλείφοντας με τη μαρινάτα ώσπου να μαλακώσει.

Μερίδες 10.

**Κατάψυξη:** Ναι.

**Φούρνος μικροκυμάτων:** Όχι.

## ΒΟΔΙΝΟ ΜΕ ΓΚΟΡΓΚΟΝΤΣΟΛΑ ΚΑΙ ΜΑΡΑΘΟ

*Καλύτερα να γίνει λίγο πριν σερβίρετε.*

- **750 γρ. βοδινό στρογγυλό κομμένο σε φέτες**
- **1 κουταλιά λάδι**
- **30 γρ. βούτυρο**
- **1 βολβός μάραθου κομμένος σε φέτες**
- **2 κουταλιές Περνό**
- **2 κουταλάκια φρέσκο φασκόμηλο ψιλοκομμένο**
- **2 κουταλάκια φρέσκο θυμάρι ψιλοκομμένο**
- **125 γρ. τυρί γκοργκοντσόλα τριμμένο**
- **1/4 φλιτζανιού ξινόγαλα**

Ψήστε το κρέας σε καυτή λαδωμένη πλάκα μπάρμπεκιου ώσπου να μαλακώσει και κρατήστε το ζεστό. Ζεστάνετε βούτυρο και λάδι σε κατσαρόλα, ρίξτε το μάραθο και ψήστε ώσπου να μαλακώσει. Προσθέστε το Περνό και τα μυρωδικά και ανακατώστε ώσπου να μειωθεί το υγρό. Βάλτε σε κατσαρόλι τυρί και ξινόγαλα και ανακατώστε τα σε χαμηλή φωτιά δίχως να βράσουν ώσπου να γίνουν κρέμα. Προσθέστε το μείγμα μάραθου και ζεστάνετέ το δίχως να βράσει. Σερβίρετε με το κρέας.

Μερίδες 4.

**Κατάψυξη:** Όχι.

**Φούρνος μικροκυμάτων:** Όχι.

## ΦΕΤΑ ΒΟΔΙΝΟΥ ΜΕ ΤΥΡΙ ΚΑΙ ΜΟΥΣΤΑΡΔΑ

*Καλύτερα να γίνει λίγο πριν σερβίρετε.*

- **6 φέτες από βοδινό στρογγυλό**

ΣΤΡΩΣΗ ΤΥΡΙΟΥ ΚΑΙ ΜΟΥΣΤΑΡΔΑΣ

- **2 φλιτζάνια (250 γρ.) ελβετικό τυρί τριμμένο**
- **2 κουταλιές μουστάρδα με σπόρους**
- **4 φρέσκα κρεμμυδάκια ψιλοκομμένα**
- **1 κουταλιά φρέσκο φασκόμηλο ψιλοκομμένο**

Ψήστε το κρέας στη σχάρα ώσπου να ροδίσει και σχεδόν να μαλακώσει. Πασπαλίστε με τη στρώση τυριού και ψήστε ώσπου να λιώσει το τυρί και να μαλακώσει το κρέας.

**Στρώση τυριού και μουστάρδας:** Ανακατώστε καλά όλα τα υλικά μέσα σε μπολ.

Μερίδες 6.

**Κατάψυξη:** Όχι.

**Φούρνος μικροκυμάτων:** Όχι.

*Επάνω: Βοδινό με γκοργκοντσόλα και μάραθο. Δεξιά: Βοδινό με μουστάρδα και φραγκοστάφυλο. Κάτω: Φέτα βοδινού με τυρί και μουστάρδα.*

## ΡΟΛΑ ΒΟΔΙΝΟΥ ΜΕ ΤΥΡΙ

*Μπορεί να προετοιμαστεί 2 μέρες νωρίτερα.*

- **12 χοντρές φέτες βοδινό φιλέτο**
- **1/2 φλιτζάνι ντοματοπολτός**
- **1/4 φλιτζανιού βασιλικός ψιλοκομμένος**
- **200 γρ. τυρί φέτα κομμένο σε φέτες**
- **1 κόκκινη πιπεριά κομμένη σε λωρίδες**
- **1 φλιτζάνι μαύρες ελιές χωρίς κουκούτσι, κομμένες στη μέση**

Χτυπήστε το κρέας να γίνει λεπτό, κόψτε κάθε φέτα στη μέση, κόψτε τις άκρες να πάρει ομαλό σχήμα. Ανακατώστε ντοματοπολτό και βασιλικό και αλείψτε τις φέτες. Βάλτε από πάνω μια φέτα τυρί, 2 λωρίδες πιπεριάς και 4 κομμάτια ελιάς. Τυλίξτε σφιχτά και στερεώστε με οδοντογλυφίδες. Ψήστε τα ρολά σε καυτή λαδωμένη πλάκα μπάρμπεκιου ώσπου να μαλακώσουν.

Μερίδες 6-8.

**Κατάψυξη:** Όχι.

**Φούρνος μικροκυμάτων:** Όχι.

## ΠΙΤΑΚΙΑ ΓΕΜΙΣΤΑ ΜΕ ΒΟΔΙΝΟ

*Η γέμιση μπορεί να γίνει την προηγουμένη.*

- **3 φέτες βοδινό φιλέτο**
- **30 γρ. βούτυρο**
- **1 κρεμμύδι κομμένο σε φέτες**
- **1 πράσινη πιπεριά κομμένη σε λωρίδες**
- **1 ντομάτα**
- **250 γρ. τυρί μοτσαρέλα τριμμένο**
- **1/4 φλιτζανιού τσάτνεϊ**
- **3 πιτάκια για σουβλάκι**
- **30 γρ. βούτυρο επιπλέον**

Ψήστε τα φιλέτα σε καυτή λαδωμένη πλάκα μπάρμπεκιου ώσπου να μαλακώσουν. Αφήστε να κρυώσουν και ψιλοκόψτε τα. Ζεστάνετε το βούτυρο σε τηγάνι και σωτάρετε κρεμμύδι και πιπεριά ώσπου να μαλακώσει το κρεμμύδι. Κόψτε την ντομάτα στα 4, κόψτε κάθε κομμάτι σε λεπτές φέτες. Ανακατώστε σε μπολ κρέας, μείγμα κρεμμυδιού, ντομάτα, τυρί και τσάτνεϊ. Κόψτε κάθε πιτάκι στη μέση, ανοίξτε το και γεμίστε το με τη γέμιση. Αλείψτε τα πιτάκια με το επιπλέον βούτυρο και ψήστε τα σε καυτή πλάκα μπάρμπεκιου ώσπου να ροδίσουν ελαφρά και να λιώσει το τυρί.

Μερίδες 6.

**Κατάψυξη:** Όχι.

**Φούρνος μικροκυμάτων:** Όχι.

## ΒΟΔΙΝΟ ΣΑΛΑΤΑ ΜΕ ΝΤΡΕΣΙΓΚ ΛΕΜΟΝΙΟΥ

*Μπορεί να γίνει 3 ώρες νωρίτερα.*

- **500 γρ. βοδινό φιλέτο κομμένο σε φέτες • 2 αγγούρια • 2 καρότα**
- **2 κρεμμύδια κομμένα σε φέτες**
- **1 κόκκινη πιπεριά κομμένη σε λωρίδες**
- **2 κουταλάκια ξύσμα πράσινου λεμονιού**
- **1 κουταλιά φρέσκος δυόσμος ψιλοκομμένος**
- **1 κουταλιά φρέσκος κολίανδρος ψιλοκομμένος**
- **1 κουταλιά φρέσκος βασιλικός ψιλοκομμένος**
- **1 μικρή κόκκινη καυτερή πιπεριά ψιλοκομμένη**

ΝΤΡΕΣΙΓΚ

- **2 κουταλιές σάλτσα ψαριού**
- **1 κουταλάκι ξύσμα πράσινου λεμονιού • 2 κουταλάκια νερό**
- **2 κουταλιές χυμός πράσινου λεμονιού • 1 κουταλιά ζάχαρη**
- **1 σκελίδα σκόρδο πολτοποιημένο**

Ψήστε τα φιλέτα σε καυτή λαδωμένη πλάκα μπάρμπεκιου ώσπου να μαλακώσουν και αφήστε να κρυώσουν. Ψιλοκόψτε τα. Με το ξεφλουδιστήρι λαχανικών βγάλτε λεπτές λωρίδες από τα αγγούρια και τα καρότα. Ανακατώστε κρέας και λαχανικά με τα υπόλοιπα υλικά σε μπολ και ανακατώστε με το ντρέσιγκ.

**Ντρέσιγκ:** Ανακατώστε καλά όλα τα υλικά μέσα σε μπολ.

Μερίδες 6.

**Κατάψυξη:** Όχι.

**Φούρνος μικροκυμάτων:** Όχι.

*Ρολά βοδινού με τυρί.*

*ΔΕΞΙΑ: Δεξιά Βοδινό σαλάτα με ντρέσιγκ λεμονιού.*

*Αριστερά: Πιτάκια γεμιστά με βοδινό.*

## ΚΑΥΤΕΡΑ ΜΠΙΦΤΕΚΙΑ ΜΕ ΦΑΣΟΛΙΑ ΚΑΙ ΤΥΡΙ

*Μπορεί να προετοιμαστεί 2 μέρες νωρίτερα.*

- **750 γρ. κιμάς βοδινός**
- **310 γρ. κονσέρβα κόκκινα φασόλια, ξεπλυμένα, στραγγισμένα**
- **4 φρέσκα κρεμμυδάκια ψιλοκομμένα**
- **2 μικρές κόκκινες καυτερές πιπεριές ψιλοκομμένες**
- **1 1/2 κουταλάκι πάπρικα**
- **1 κουταλιά ντοματοπολτός**
- **1 φλιτζάνι πικάντικο τυρί τριμμένο**
- **50 γρ. τσιπς καλαμποκιού**
- **1 αβοκάντο κομμένο σε φέτες**
- **1/2 φλιτζάνι ξινή κρέμα γάλακτος**

*Καυτερά μπιφτέκια με φασόλια και τυρί.*

Ζυμώστε σε μπολ τον κιμά με τα φασόλια, τα φρέσκα κρεμμυδάκια, τα καυτερά, την πάπρικα και τον ντοματοπολτό. Χωρίστε τη ζύμη σε 6 μερίδες και πλάστε τες σε μπιφτέκια. Ψήστε τα μπιφτέκια σε καυτή λαδωμένη πλάκα μπάρμπεκιου ώσπου να ροδίσουν καλά και να ψηθούν μέχρι μέσα. Πασπαλίστε κάθε μπιφτέκι με τυρί και βάλτε επάνω τσιπς καλαμποκιού και χτυπημένη ξινή κρέμα γάλακτος. Πασπαλίστε με επιπλέον πάπρικα.

Μερίδες 6.

**Κατάψυξη:** Όχι.

**Φούρνος μικροκυμάτων:** Όχι.

## ΡΟΛΑ ΒΟΔΙΝΟΥ ΣΟΥΒΛΑΚΙ ΜΕ ΣΑΛΤΣΑ ΜΠΟΡΝΤΕΛΕΖ

*Τα ρολά και η σάλτσα μπορούν να προετοιμαστούν χωριστά την προηγουμένη.*

- **6 φέτες των 100 γρ. ψαχνό βοδινό**
- **3 κουταλάκια μουστάρδα με σπόρους**
- **18 μικρά μανιτάρια** • **2 κουταλιές λάδι**

ΓΕΜΙΣΗ

- **56 γρ. κονσέρβα αντσούγιες στραγγισμένες**
- **1/4 φλιτζανιού γάλα**
- **1 φλιτζάνι παλιό ψωμί τριμμένο**
- **1 κουταλάκι ξύσμα λεμονιού**
- **2 κουταλιές χυμός λεμονιού**
- **30 γρ. βούτυρο λιωμένο**
- **1/2 φλιτζάνι μαϊντανός ψιλοκομμένος**

ΣΑΛΤΣΑ ΜΠΟΡΝΤΕΛΕΖ

- **1 1/2 φλιτζάνι νερό**
- **1/3 φλιτζανιού ξερό κόκκινο κρασί**
- **1/4 φλιτζανιού λικέρ κασίς**
- **1 κύβος ζωμός βοδινού θρυμματισμένος**
- **2 κουταλιές ντοματοπολτός**
- **2 φρέσκα κρεμμυδάκια ψιλοκομμένα**
- **1 κλαδάκι μαϊντανός**
- **15 γρ. βούτυρο ψιλοκομμένο**
- **3 κουταλάκια κορνφλάουρ**
- **1 κουταλιά νερό επιπλέον**

Χτυπήστε τις φέτες κρέατος να λεπτύνουν, κόψτε καθεμιά στα 4 και αλείψτε με μουστάρδα. Τυλίξτε σε κάθε κομμάτι 2 κοφτά κουταλάκια γέμιση. Περάστε τα ρολά σε καλαμάκια εναλλάξ με τα μανιτάρια. Ψήστε τα σουβλάκια στη σχάρα αλείφοντας με λάδι ώσπου να μαλακώσουν. Σερβίρετε με τη σάλτσα μπορντελέζ.

**Γέμιση:** Ανακατώστε σε μπολ τις αντσούγιες με το γάλα και αφήστε τες 20΄. Στραγγίστε και στεγνώστε τις αντσούγιες με απορροφητικό χαρτί. Ψιλοκόψτε τες. Ανακατώστε σε μπολ τις αντσούγιες με τα υπόλοιπα υλικά.

**Σάλτσα μπορντελέζ:** Ανακατώστε σε κατσαρόλι νερό, κρασί, λικέρ, κύβο, ντοματοπολτό, φρέσκα κρεμμυδάκια και μαϊντανό, αφήστε να πάρουν βράση και σιγοβράστε τα ξεσκέπαστα ώσπου να μείνει το μισό υγρό. Σουρώστε και ξαναβάλτε το υγρό στο κατσαρόλι. Ανακατώστε μέσα το βούτυρο και το κορνφλάουρ διαλυμένο στο επιπλέον νερό και βράστε ανακατώνοντας ώσπου να πηχτώσει ελαφρά η σάλτσα.

Μερίδες 6.

**Κατάψυξη:** Όχι.

**Φούρνος μικροκυμάτων:** Όχι.

*Επάνω αριστερά: Ρολά βοδινού με θαλασσινά. Επάνω δεξιά: Ρολά βοδινού σουβλάκι με σάλτσα μπορντελέζ. Κάτω: Μπριζολάκια βοδινά μαρινάτα σε πορτό.*

## ΜΠΡΙΖΟΛΑΚΙΑ ΒΟΔΙΝΑ ΜΑΡΙΝΑΤΑ ΣΕ ΠΟΡΤΟ

*Καλύτερα να γίνει την προηγουμένη.*

- **1 κουταλιά σάλτσα γουόρστερσάιρ**
- **1 σκελίδα σκόρδο πολτοποιημένο**
- **½ κουταλάκι φρέσκο τζίντζερ τριμμένο • 1 κουταλιά μαύρη ζάχαρη**
- **1 κουταλιά φρέσκια ρίγανη ψιλοκομμένη • ¼ φλιτζανιού κέτσαπ**
- **1 κουταλιά φρέσκος βασιλικός ψιλοκομμένος • ½ φλιτζάνι κρασί πορτό**
- **2 κουταλιές μαϊντανός ψιλοκομμένος • 6 φέτες από βοδινό στρογγυλό**

Ανακατώστε πορτό, σάλτσες, σκόρδο, τζίντζερ, ζάχαρη και μυρωδικά, βάλτε μέσα το κρέας να καλυφθεί και βάλτε το στο ψυγείο αρκετές ώρες. Ψήστε στη σχάρα αλείφοντας με τη μαρινάτα.

Μερίδες 6.

**Κατάψυξη:** Όχι.

**Φούρνος μικροκυμάτων:** Όχι.

## ΡΟΛΑ ΒΟΔΙΝΟΥ ΜΕ ΘΑΛΑΣΣΙΝΑ

*Καλύτερα να γίνει λίγο πριν σερβίρετε.*

- **6 φέτες από βοδινό στρογγυλό**
- **60 γρ. βούτυρο • 250 γρ. χτένια**
- **2 σκελίδες σκόρδο πολτοποιημένο**
- **250 γρ. γαρίδες ξεφλουδισμένες**
- **½ φλιτζάνι μπράντι**
- **¼ φλιτζανιού μαϊντανός ψιλοκομμένος • ¾ φλιτζανιού κρέμα γάλακτος**

Χτυπήστε τις φέτες του κρέατος να λεπτύνουν. Σωτάρετε το σκόρδο στο βούτυρο 1΄. Προσθέστε τα θαλασσινά, την κρέμα γάλακτος και το μπράντι και μαγειρέψτε σε χαμηλή φωτιά. Σουρώστε τα θαλασσινά. Βάλτε από 1 γεμάτη κουταλιά θαλασσινά πάνω σε κάθε φέτα κρέατος, πασπαλίστε με μαϊντανό, διπλώστε τις άκρες, τυλίξτε και στερεώστε με οδοντογλυφίδες.

Ψήστε τα ρολά σε καυτή λαδωμένη πλάκα μπάρμπεκιου. Ζεστάνετε το υγρό της μαρινάτας δίχως να βράσει, κόψτε τα ρολά σε φέτες και περιχύστε με τη σάλτσα.

Μερίδες 6.

**Κατάψυξη:** Όχι.

**Φούρνος μικροκυμάτων:** Όχι.

## ΡΟΛΑ ΒΟΔΙΝΟΥ ΜΕ ΣΠΑΝΑΚΙ ΚΑΙ ΚΑΡΥΔΙ

*Μπορεί να προετοιμαστεί 3 ώρες νωρίτερα.*

- **200 γρ. σπανάκι καθαρισμένο**
- **1 κουταλιά λάδι**
- **1 κρεμμύδι ψιλοκομμένο**
- **1/3 φλιτζανιού καρύδι κοπανισμένο**
- **56 γρ. κονσέρβα αντσούγιες στραγγισμένες, ψιλοκομμένες**
- **1 κουταλιά φρέσκο δενδρολίβανο ψιλοκομμένο**
- **2 φέτες των 750 γρ. βοδινό κυλότο**

Ζεματίστε το σπανάκι και αφήστε να κρυώσει. Πατήστε να φύγει το υγρό και ψιλοκόψτε το.
Ζεστάνετε το λάδι και σωτάρετε το κρεμμύδι ώσπου να μαλακώσει. Ανακατώστε μέσα το καρύδι, τις αντσούγιες και το δενδρολίβανο και σωτάρετε 1΄. Ανακατώστε μέσα το σπανάκι και αφήστε να κρυώσει. Χτυπήστε το κρέας να λεπτύνει. Απλώστε το μείγμα σπανακιού στις 2 φέτες, πατήστε το, τυλίξτε το κρέας σε ρολό και δέστε με σπάγκο. Ψήστε τα ρολά σε καυτό σκεπαστό μπάρμπεκιου ή σε γάστρα. Αφαιρέστε το σπάγκο και κόψτε σε φέτες πριν σερβίρετε.
Μερίδες 10.

**Κατάψυξη:** Όχι.

**Φούρνος μικροκυμάτων:** Όχι.

## ΜΠΙΦΤΕΚΙΑ ΒΟΔΙΝΑ ΜΕ ΜΠΡΙ

*Μπορεί να προετοιμαστεί 2 μέρες νωρίτερα.*

- **30 γρ. βούτυρο**
- **1 κρεμμύδι ψιλοκομμένο**
- **500 γρ. κιμάς βοδινός**
- **250 γρ. κιμάς από λουκάνικο**
- **1 κουταλιά μουστάρδα με σπόρους**
- **2 κουταλιές μαϊντανός ψιλοκομμένος**
- **200 γρ. τυρί μπρι**

Λιώστε το βούτυρο σε τηγάνι και σωτάρετε το κρεμμύδι ώσπου να μαλακώσει. Ζυμώστε τον κιμά με το λουκάνικο, τη μουστάρδα, το μαϊντανό και το κρεμμύδι. Καθαρίστε το μπρι γύρω γύρω και κόψτε το σε 6 κομμάτια. Χωρίστε τη ζύμη κιμά σε 6 μέρη. Βάλτε στη μέση καθενός ένα κομμάτι μπρι και πλάστε τα σε μπιφτέκια, φροντίζοντας το τυρί να είναι στη μέση. Ψήστε τα μπιφτέκια σε καυτή λαδωμένη πλάκα μπάρμπεκιου.
Μερίδες 6.

**Κατάψυξη:** Όχι.

**Φούρνος μικροκυμάτων:** Όχι.

## ΒΟΔΙΝΗ ΜΠΡΙΖΟΛΑ ΜΕ ΤΕΡΙΓΙΑΚΙ

*Μπορεί να προετοιμαστεί την προηγουμένη.*

- **2 μπριζόλες από βοδινό κυλότο**

ΜΑΡΙΝΑΤΑ

- **1 φλιτζάνι μαρινάτα τεριγιάκι**
- **1 σκελίδα σκόρδο πολτοποιημένο**
- **3 κουταλάκια φρέσκο τζίντζερ τριμμένο**
- **1 κουταλιά λάδι**
- **2 κουταλάκια χυμός λεμονιού**

Βάλτε τις μπριζόλες σε μπολ, σκεπάστε με τη μαρινάτα και βάλτε τες στο ψυγείο αρκετές ώρες ή ολόκληρη τη νύχτα.
Ψήστε τις μπριζόλες στη σχάρα αλείφοντας με τη μαρινάτα ώσπου να μαλακώσουν.

**Μαρινάτα:** Ανακατώστε καλά όλα τα υλικά μέσα σε μπολ.
Μερίδες 4.

**Κατάψυξη:** Όχι.

**Φούρνος μικροκυμάτων:** Όχι.

*Επάνω αριστερά: Βοδινή μπριζόλα με τεριγιάκι.*
*Επάνω δεξιά: Ρολά βοδινού με σπανάκι και καρύδι.*
*Κάτω: Μπιφτέκια βοδινά με μπρι.*

## ΦΙΛΕΤΟ ΜΕ ΠΡΑΣΙΝΟ ΠΙΠΕΡΙ

*Μπορεί να προετοιμαστεί 3 ώρες νωρίτερα.*

- **4 φέτες βοδινό φιλέτο**
- **1 κουταλιά πράσινα πιπέρια κονσέρβα, στραγγισμένα, σπασμένα**

ΒΟΥΤΥΡΟ ΜΕ ΜΥΡΩΔΙΚΑ

- **60 γρ. βούτυρο**
- **1 κουταλάκι φρέσκο θυμάρι ψιλοκομμένο**
- **1 κουταλάκι φρέσκο δενδρολίβανο ψιλοκομμένο**
- **1 κουταλάκι φρέσκο εστραγκόν ψιλοκομμένο**

Απλώστε τα πιπέρια ομοιόμορφα στη μια πλευρά των φιλέτων και αλείψτε με το βούτυρο. Ψήστε τα φιλέτα στη σχάρα ώσπου να μαλακώσουν.

**Βούτυρο με μυρωδικά:** Ανακατώστε καλά όλα τα υλικά μέσα σε μπολ.
Μερίδες 4.

**Κατάψυξη:** Όχι.

**Φούρνος μικροκυμάτων:** Όχι.

## ΣΟΥΤΖΟΥΚΑΚΙΑ ΜΕ ΡΕΛΙΣ ΜΑΓΚΟ

*Τα σουτζουκάκια και το ρέλις μπορούν να προετοιμαστούν την προηγουμένη.*

- **500 γρ. κιμάς βοδινός**
- **1 φλιτζάνι ινδοκάρυδο**
- **2 αυγά ελαφρά χτυπημένα**
- **1 κουταλάκι τούρμερικ αλεσμένο**
- **2 κουταλάκια κύμινο αλεσμένο**
- **2 κουταλάκια κολίανδρος αλεσμένος**
- **$^{1}/_{3}$ φλιτζανιού γάλα ινδοκάρυδου**

ΡΕΛΙΣ ΜΑΓΚΟ

- **1 μεγάλο μάγκο κομμένο**
- **450 γρ. κονσέρβα ανανάς στραγγισμένος, πολτοποιημένος**
- **$^{1}/_{4}$ φλιτζανιού ινδοκάρυδο**
- **2 κουταλιές χυμός πράσινου λεμονιού**
- **1 κουταλιά φρέσκος δυόσμος ψιλοκομμένος**

Ζυμώστε σε μπολ κιμά, ινδοκάρυδο, αυγά, μπαχαρικά και γάλα και βάλτε τα στο ψυγείο αρκετές ώρες. Πλάστε τη ζύμη σε 8 σουτζουκάκια και περάστε τα σε καλαμάκια. Ψήστε τα σε καυτή λαδωμένη πλάκα μπάρμπεκιου και σερβίρετε με το ρέλις.

**Ρέλις μάγκο:** Ανακατώστε καλά όλα τα υλικά μέσα σε μπολ και βάλτε τα στο ψυγείο αρκετές ώρες.
Μερίδες 6.

**Κατάψυξη:** Όχι.

**Φούρνος μικροκυμάτων:** Όχι.

*Επάνω: Σουτζουκάκια με ρέλις μάγκο. Κάτω: Φιλέτο με πράσινο πιπέρι.*

# ΧΟΙΡΙΝΟ

Επάνω: Χοιρινές μπριζόλες με ανανά. Κέντρο: Χοιρινό τυλιχτό σε προσιούτο. Κάτω: Χοιρινό σουβλάκι μαρινάτο.

## ΧΟΙΡΙΝΟ ΤΥΛΙΧΤΟ ΣΕ ΠΡΟΣΙΟΥΤΟ

*Μπορεί να προετοιμαστεί την προηγουμένη.*

**• 3 χοιρινά φιλέτα (ψαρονέφρι) των 200 γρ. • 100 γρ. προσιούτο σε λεπτές φέτες • 1 φλιτζάνι τυρί μοτσαρέλα τριμμένο • 1 κουταλιά φρέσκο θυμάρι ψιλοκομμένο • $^{1}/_{2}$ κουταλάκι μουστάρδα σκόνη**

Κόψτε ένα άνοιγμα κατά μήκος κάθε φιλέτου. Ανακατώστε σε μπολ τυρί, θυμάρι και μουστάρδα και γεμίστε με το μείγμα το άνοιγμα των φιλέτων. Τυλίξτε κάθε φιλέτο σε προσιούτο και στερεώστε το με οδοντογλυφίδες. Ψήστε σε καυτή λαδωμένη πλάκα μπάρμπεκιου. Αφαιρέστε τις οδοντογλυφίδες και κόψτε τα σε φέτες.
Μερίδες 6.

**Κατάψυξη:** Όχι.

**Φούρνος μικροκυμάτων:** Όχι.

## ΧΟΙΡΙΝΟ ΣΟΥΒΛΑΚΙ ΜΑΡΙΝΑΤΟ

*Καλύτερα να προετοιμαστεί 3 ώρες νωρίτερα.*

**• 750 γρ. χοιρινό φιλέτο (ψαρονέφρι) • 1 κουταλιά φρέσκο δενδρολίβανο ψιλοκομμένο • $^{1}/_{4}$ φλιτζανιού ελαιόλαδο • 1 κουταλιά φρέσκο φασκόμηλο ψιλοκομμένο • $^{1}/_{4}$ φλιτζανιού χυμός λεμονιού • 1 κουταλιά μαϊντανός ψιλοκομμένος • 2 σκελίδες σκόρδο πολτοποιημένο**

Κόψτε τα φιλέτα σε φέτες 1 εκ. Ανακατώστε σε μπολ κρέας, μυρωδικά, σκόρδο, λάδι και λεμόνι και βάλτε τα στο ψυγείο μερικές ώρες. Περάστε τα φιλέτα σε καλαμάκια και ψήστε τα στη σχάρα.
Βγαίνουν 8 κομμάτια.

**Κατάψυξη:** Όχι.

**Φούρνος μικροκυμάτων:** Όχι.

## ΧΟΙΡΙΝΕΣ ΜΠΡΙΖΟΛΕΣ ΜΕ ΑΝΑΝΑ

*Μπορεί να προετοιμαστεί την προηγουμένη.*

**• 1 φλιτζάνι χυμός ανανά**
**• $^{1}/_{4}$ φλιτζανιού μέλι**
**• 1 κουταλάκι σκόνη κάρυ**
**• 1 σκελίδα σκόρδο πολτοποιημένο**
**• 6 χοιρινές μπριζόλες χωρίς κόκαλο**
**• $^{2}/_{3}$ φλιτζανιού ανανάς κονσέρβα στραγγισμένος • $^{1}/_{4}$ φλιτζανιού λάδι**

Ανακατώστε σε μπολ χυμό, μέλι, κάρυ, λάδι και σκόρδο. Ρίξτε μέσα το κρέας, γυρίστε το να καλυφθεί με τη μαρινάτα και βάλτε το στο ψυγείο αρκετές ώρες. Ψήστε στη σχάρα και βάλτε επάνω στις μπριζόλες κομμάτια ανανά πριν σερβίρετε.
Μερίδες 6.

**Κατάψυξη:** Όχι.

**Φούρνος μικροκυμάτων:** Όχι.

*Κινέζικο χοιρινό.*

## ΚΙΝΕΖΙΚΟ ΧΟΙΡΙΝΟ

*Μπορεί να προετοιμαστεί 2 μέρες νωρίτερα*

**1 κιλό χοιρινός λαιμός**

ΜΑΡΙΝΑΤΑ

- **2 σπόροι γλυκάνισου τσακισμένοι**
- **2 κουταλιές ελαφριά σάλτσα σόγιας**
- **2 κουταλιές μαύρη ζάχαρη**
- **1 ½ κουταλιά μέλι**
- **1 ½ κουταλιά ξερό σέρι**
- **2 κουταλάκια σάλτσα χοϊσίν**
- **2 κουταλάκια φρέσκο τζίντζερ τριμμένο**
- **1 σκελίδα σκόρδο πολτοποιημένο**
- **2 φρέσκα κρεμμυδάκια ψιλοκομμένα**
- **κόκκινο χρώμα ζαχαροπλαστικής**

Κόψτε το κρέας στα 4 κατά μήκος. Ανακατώστε κρέας και μαρινάτα σε μπολ και βάλτε το στο ψυγείο αρκετές ώρες ή ολόκληρη τη νύχτα γυρνώντας το κάθε τόσο. Ψήστε το κρέας στη σχάρα αλείφοντας με τη μαρινάτα ώσπου να μαλακώσει.

**Μαρινάτα:** Ανακατώστε καλά όλα τα υλικά μέσα σε μπολ.

Μερίδες 6.

**Κατάψυξη:** Ναι.

**Φούρνος μικροκυμάτων:** Όχι.

*Χοιρινό ρολό γεμιστό με χουρμάδες και καρύδι.*

## ΧΟΙΡΙΝΟ ΡΟΛΟ ΓΕΜΙΣΤΟ ΜΕ ΧΟΥΡΜΑΔΕΣ ΚΑΙ ΚΑΡΥΔΙ

*Ζητήστε από το χασάπη να σας ανοίξει το κρέας για ρολό. Μπορεί να προετοιμαστεί την προηγουμένη.*

- **500 γρ. φρέσκοι χουρμάδες χωρίς κουκούτσι, ψιλοκομμένοι**
- **1 φλιτζάνι καρύδι κοπανισμένο**
- **½ φλιτζάνι μείγμα εσπεριδοειδών ψιλοκομμένο**
- **2 κιλά μπούτι χοιρινό χωρίς κόκαλο**

ΓΛΑΣΟ ΜΗΛΟΥ

- **110 γρ. κονσέρβα ζελέ μήλου**
- **1 κουταλιά φρέσκο δενδρολίβανο ψιλοκομμένο**
- **1 κουταλιά μέλι**
- **1 κουταλάκι γαλλική μουστάρδα**

Ανακατώστε σε μπολ χουρμάδες, καρύδι και μείγμα εσπεριδοειδών. Απλώστε το μείγμα στο ανοιγμένο κρέας, τυλίξτε το σε ρολό και δέστε το με σπάγκο.

Ψήστε το ρολό σε καυτό κλειστό μπάρμπεκιου ή σε γάστρα ώσπου να μαλακώσει. Βγάλτε το κρέας, αλείψτε το ομοιόμορφα με το γλάσο και αφήστε το 10′ πριν το κόψετε σε φέτες.

**Γλάσο μήλου:** Ανακατώστε καλά όλα τα υλικά μέσα σε μπολ.

Μερίδες 8.

**Κατάψυξη:** Ναι.

**Φούρνος μικροκυμάτων:** Όχι.

*Επάνω: Σουβλάκια χοιρινά με δαμάσκηνα. Κάτω: Χοιρινά σνίτσελ με σουσάμι.*

## ΡΟΛΑ ΧΟΙΡΙΝΑ ΜΕ ΣΑΛΤΣΑ ΒΕΡΙΚΟΚΟ

*Μπορεί να προετοιμαστεί την προηγουμένη.*

- **3 χοιρινά σνίτσελ • 15 γρ. βούτυρο**
- **1 κρεμμύδι ψιλοκομμένο**
- **1 $^{1}/_{2}$ φλιτζάνι παλιό ψωμί τριμμένο**
- **$^{1}/_{2}$ φλιτζάνι ξερά βερίκοκα ψιλοκομμένα • 1 αυγό ελαφρά χτυπημένο**
- **$^{1}/_{2}$ φλιτζάνι ψημένα φουντούκια κοπανισμένα • 2 κουταλιές μέλι**
- **1 κουταλιά μαϊντανός ψιλοκομμένος**
- **$^{1}/_{2}$ κουταλάκι μείγμα πιπεριού**
- **2 κουταλιές μέλι επιπλέον, ζεστό**

ΣΑΛΤΣΑ ΒΕΡΙΚΟΚΟΥ

- **1 φλιτζάνι νέκταρ βερίκοκου**
- **$^{1}/_{2}$ φλιτζάνι νερό • 1 κουταλιά μέλι**
- **$^{1}/_{2}$ κύβος ζωμός κότας θρυμματισμένος • 1 $^{1}/_{2}$ κουταλιά κορνφλάουρ**
- **1 $^{1}/_{2}$ κουταλιά νερό επιπλέον**

Χτυπήστε τα σνίτσελ να λεπτύνουν. Σωτάρετε στο βούτυρο το κρεμμύδι. Ανακατώστε κρεμμύδι, ψωμί, βερίκοκα, φουντούκι, μέλι, μαϊντανό, πιπέρι και αυγό. Απλώστε το μείγμα στα σνίτσελ και πατήστε το. Τυλίξτε τα σε ρολά και δέστε τα με σπάγκο. Αλείψτε με το μέλι και τυλίξτε τα χωριστά το καθένα σε βουτυρωμένο αλουμινόχαρτο. Ψήστε τα στη σχάρα. Βγάλτε το σπάγκο και κόψτε τα σε φέτες.

*ΑΡΙΣΤΕΡΑ: Επάνω: Χοιρινές μπριζόλες γεμιστές με πιπεριά. Κάτω: Ρολά χοιρινά με σάλτσα βερίκοκο.*

**Σάλτσα βερίκοκο:** Ανακατώστε νέκταρ, νερό και κύβο. Προσθέστε το κορνφλάουρ διαλυμένο και βράστε ανακατώνοντας να πηχτώσει. Ανακατώστε μέσα το μέλι.
Μερίδες 6.

**Κατάψυξη:** Όχι.

**Φούρνος μικροκυμάτων:** Όχι.

## ΧΟΙΡΙΝΕΣ ΜΠΡΙΖΟΛΕΣ ΓΕΜΙΣΤΕΣ ΜΕ ΠΙΠΕΡΙΑ

*Μπορεί να προετοιμαστεί 3 ώρες νωρίτερα.*

- **6 χοιρινές μπριζόλες χωρίς κόκαλο**

ΓΕΜΙΣΗ ΠΙΠΕΡΙΑΣ

- **6 μαύρες ελιές χωρίς κουκούτσι, ψιλοκομμένες**
- **$^{1}/_{2}$ φλιτζάνι βρασμένο ρύζι**
- **230 γρ. κονσέρβα πιπεριές Φλωρίνης στραγγισμένες, ψιλοκομμένες**
- **3 φρέσκα κρεμμυδάκια ψιλοκομμένα**
- **1 κουταλιά μαϊντανός ψιλοκομμένος**
- **2 κουταλάκια φρέσκος βασιλικός ψιλοκομμένος • 2 κουταλάκια ελαιόλαδο**

Χαράξτε τις μπριζόλες σχηματίζοντας μια θήκη. Γεμίστε με τη γέμιση και στερεώστε με οδοντογλυφίδες. Ψήστε στη σχάρα.

**Γέμιση πιπεριάς:** Ανακατώστε τα υλικά.
Μερίδες 6.

**Κατάψυξη:** Ναι.

**Φούρνος μικροκυμάτων:** Όχι.

## ΣΟΥΒΛΑΚΙΑ ΧΟΙΡΙΝΑ ΜΕ ΔΑΜΑΣΚΗΝΑ

*Καλύτερα να γίνει την προηγουμένη.*

- **1 κιλό χοιρινό φιλέτο (ψαρονέφρι) κομμένο για σουβλάκι**
- **250 γρ. ξερά δαμάσκηνα χωρίς κουκούτσι • $^{1}/_{2}$ φλιτζάνι κρασί μαρσάλα**
- **$^{1}/_{4}$ φλιτζανιού σάλτσα μανταρινιού**
- **1 κουταλάκι κολίανδρος αλεσμένος**
- **$^{1}/_{4}$ φλιτζανιού χυμός πράσινου λεμονιού • 1 κουταλάκι μπούκοβο**
- **1 κρεμμύδι τριμμένο**

Ανακατώστε καλά όλα τα υλικά και βάλτε τα στο ψυγείο αρκετές ώρες. Περάστε το κρέας και τα δαμάσκηνα σε καλαμάκια και ψήστε στη σχάρα αλείφοντας κάθε τόσο με τη μαρινάτα.
Βγαίνουν περίπου 12 κομμάτια.

**Κατάψυξη:** Όχι.

**Φούρνος μικροκυμάτων:** Όχι.

## ΧΟΙΡΙΝΑ ΣΝΙΤΣΕΛ ΜΕ ΣΟΥΣΑΜΙ

*Καλύτερα να γίνει λίγο πριν σερβίρετε.*

- **4 χοιρινά σνίτσελ**
- **1 φλιτζάνι σουσάμι**

ΣΑΛΤΣΑ ΣΟΥΣΑΜΙΟΥ ΜΕ ΤΖΙΝΤΖΕΡ

- **2 κουταλιές ελαφριά σάλτσα σόγιας**
- **2 κουταλάκια σουσαμέλαιο**
- **5 φρέσκα κρεμμυδάκια ψιλοκομμένα**
- **1 κουταλάκι φρέσκο τζίντζερ τριμμένο • 2 κουταλάκια ζάχαρη**
- **2 σκελίδες σκόρδο πολτοποιημένο**
- **1 κουταλιά γλυκό σέρι**
- **2 κουταλιές σκορδόπρασο ψιλοκομμένο • 1 κουταλιά κορνφλάουρ**
- **$^{3}/_{4}$ φλιτζανιού νερό**

Βουτήξτε τα σνίτσελ στο σουσάμι και ψήστε τα σε καυτή λαδωμένη πλάκα μπάρμπεκιου. Σερβίρετε με τη σάλτσα.

**Σάλτσα σουσαμιού με τζίντζερ:** Ανακατώστε σάλτσα, λάδι, φρέσκα κρεμμυδάκια, τζίντζερ, σκόρδο, ζάχαρη, σέρι και σκορδόπρασο. Ρίξτε μέσα το κορνφλάουρ διαλυμένο στο νερό και βράστε ανακατώνοντας να πηχτώσει η σάλτσα.
Μερίδες 4.

**Κατάψυξη:** Όχι.

**Φούρνος μικροκυμάτων:** Όχι.

*Επάνω: Χοιρινό ζαμπόν μαρινάτο. Δεξιά: Χοιρινές μπριζόλες με πικάντικες πιπεριές. Κάτω αριστερά: Πικάντικα χοιρινά ρολά.*

## ΧΟΙΡΙΝΕΣ ΜΠΡΙΖΟΛΕΣ ΜΕ ΠΙΚΑΝΤΙΚΕΣ ΠΙΠΕΡΙΕΣ

*Μπορεί να προετοιμαστεί την προηγουμένη.*

- **2 κουταλιές λάδι**
- **½ κουταλάκι ξύσμα λεμονιού**
- **2 κουταλιές χυμός λεμονιού**
- **2 σκελίδες σκόρδο πολτοποιημένο**
- **6 χοιρινές μπριζόλες χωρίς κόκαλο**

ΠΙΚΑΝΤΙΚΕΣ ΠΙΠΕΡΙΕΣ

- **2 κόκκινες πιπεριές κομμένες σε λωρίδες • 1 κρεμμύδι κομμένο σε φέτες**
- **2 κουταλιές ξερό κόκκινο κρασί**
- **1 κουταλιά λάδι**
- **½ κουταλάκι μπούκοβο**

Ανακατώστε σε ρηχό σκεύος λάδι, ξύσμα, χυμό και σκόρδο, βάλτε μέσα τις μπριζόλες, γυρίστε τες να καλυφθούν με τη μαρινάτα και βάλτε τες στο ψυγείο αρκετές ώρες. Ψήστε στη σχάρα αλείφοντας με τη μαρινάτα. Σερβίρετε με τις πιπεριές.

**Πικάντικες πιπεριές:** Ανακατώστε καλά όλα τα υλικά και βάλτε τα στο ψυγείο αρκετές ώρες. Ψήστε τις πιπεριές σε καυτή λαδωμένη πλάκα μπάρμπεκιου.
Μερίδες 6.

**Κατάψυξη:** Όχι.

**Φούρνος μικροκυμάτων:** Όχι.

## ΠΙΚΑΝΤΙΚΑ ΧΟΙΡΙΝΑ ΡΟΛΑ

*Μπορεί να προετοιμαστεί την προηγουμένη.*

- **4 φιλέτα χοιρινά (ψαρονέφρι)**
- **10 φρέσκα κρεμμυδάκια**
- **¼ φλιτζανιού σκούρη σάλτσα σόγιας**
- **1 σκελίδα σκόρδο πολτοποιημένο**
- **2 κουταλιές μέλι • 1 κουταλιά λάδι**
- **2 κουταλιές κέτσαπ**
- **2 κουταλάκια φρέσκο τζίντζερ ψιλοκομμένο • 2 κουταλιές σάλτσα χοϊσίν**

Κόψτε τα φιλέτα κατά μήκος και χτυπήστε τα να λεπτύνουν. Κόψτε τα κρεμμυδάκια σε κομμάτια 5 εκ., τυλίξτε τα στα φιλέτα και στερεώστε με οδοντογλυφίδες. Ανακατώστε τα υπόλοιπα υλικά, βάλτε μέσα τα ρολά και βάλτε τα στο ψυγείο αρκετές ώρες. Ψήστε σε καυτή λαδωμένη πλάκα μπάρμπεκιου αλείφοντας με τη μαρινάτα.
Μερίδες 6.

**Κατάψυξη:** Όχι.

**Φούρνος μικροκυμάτων:** Όχι.

## ΧΟΙΡΙΝΟ ΖΑΜΠΟΝ ΜΑΡΙΝΑΤΟ

*Μπορεί να προετοιμαστεί την προηγουμένη.*

- **¼ φλιτζανιού χυμός πράσινου λεμονιού • ¼ φλιτζανιού λάδι • ¼ φλιτζανιού μαύρη ζάχαρη • ¼ φλιτζανιού νερό**
- **¼ φλιτζανιού μουστάρδα με σπόρους**
- **3 κουταλάκια σάλτσα γουόρστερσάιρ**
- **2 σκελίδες σκόρδο πολτοποιημένο**
- **2 κουταλάκια φρέσκο τζίντζερ τριμμένο • 6 χοντρές φέτες ζαμπόν**

Ανακατώστε χυμό, λάδι, ζάχαρη, νερό, μουστάρδα, σάλτσα, σκόρδο και τζίντζερ. Βάλτε μέσα το ζαμπόν να σκεπαστεί με τη μαρινάτα και βάλτε το στο ψυγείο αρκετές ώρες. Ψήστε το στη σχάρα αλείφοντας με τη μαρινάτα. Σερβίρετε και περιχύστε με όση μαρινάτα περίσσεψε.
Μερίδες 6.

**Κατάψυξη:** Όχι.

**Φούρνος μικροκυμάτων:** Όχι.

# ΜΟΣΧΑΡΙ

## ΜΟΣΧΑΡΙ ΓΕΜΙΣΤΟ ΜΕ ΝΤΟΜΑΤΑ ΚΑΙ ΒΑΣΙΛΙΚΟ

*Μπορεί να προετοιμαστεί την προηγουμένη.*

- **¼ φλιτζανιού φρέσκος βασιλικός ψιλοκομμένος**
- **½ φλιτζάνι λιαστές ντομάτες**
- **1 κρεμμύδι ψιλοκομμένο**
- **1 φλιτζάνι παλιό ψωμί τριμμένο**
- **1 φλιτζάνι πικάντικο τυρί τριμμένο**
- **2 κουταλιές γιαούρτι**
- **2 κιλά νουά μοσχαρίσιο**
- **¼ φλιτζανιού λάδι**
- **¼ φλιτζανιού χυμός λεμονιού**
- **1 κύβος ζωμός κοτόπουλου θρυμματισμένος**
- **2 κουταλιές φρέσκος βασιλικός ψιλοκομμένος, επιπλέον**

Χτυπήστε στο μπλέντερ βασιλικό, ντομάτες και κρεμμύδι και ανακατώστε με το ψωμί, το τυρί και το γιαούρτι. Κόψτε το κρέας σε φέτες 2 εκ. αφήνοντάς τες ενωμένες στο κάτω μέρος. Απλώστε το μείγμα που ετοιμάσατε ανάμεσα στις φέτες και δέστε το κρέας με σπάγκο.

Βάλτε το κρέας σε μπολ. Ανακατώστε σε μπολ λάδι, χυμό, κύβο και επιπλέον βασιλικό, περιχύστε το κρέας και βάλτε το στο ψυγείο αρκετές ώρες ή ολόκληρη τη νύχτα γυρνώντας το μερικές φορές.

Ψήστε το μοσχάρι σε καυτό σκεπαστό μπάρμπεκιου ή σε γάστρα αλείφοντας με τη μαρινάτα ώσπου να μαλακώσει. Αφήστε το 15΄ και κόψτε το σε φέτες.

Μερίδες 8.

**Κατάψυξη:** Ναι.

**Φούρνος μικροκυμάτων:** Όχι.

*Μοσχάρι γεμιστό με ντομάτα και βασιλικό.*

## ΜΟΣΧΑΡΙΣΙΕΣ ΜΠΡΙΖΟΛΕΣ ΜΑΡΙΝΑΤΕΣ ΣΕ ΣΙΡΟΠΙ

*Μπορεί να προετοιμαστεί την προηγουμένη.*

- **1 κουταλιά ελαφριά σάλτσα σόγιας**
- **$^1/_2$ φλιτζάνι σιρόπι τηγανίτας (μέιπλ σίροπ) • 1 $^1/_2$ φλιτζάνι κέτσαπ**
- **6 μικρές μοσχαρίσιες μπριζόλες**

Ανακατώστε σε ρηχό σκεύος τις σάλτσες και το σιρόπι, βάλτε μέσα τις μπριζόλες, γυρίστε να σκεπαστούν με τη μαρινάτα και βάλτε τα στο ψυγείο αρκετές ώρες. Ψήστε τες στη σχάρα αλείφοντας με τη μαρινάτα ώσπου να μαλακώσουν.
Μερίδες 6.

**Κατάψυξη:** Ναι.

**Φούρνος μικροκυμάτων:** Όχι.

## ΝΤΟΛΜΑΔΑΚΙΑ ΣΕ ΛΕΜΟΝΟΦΥΛΛΑ

*Μπορείτε να τυλίξετε τα ντολμαδάκια 3 ώρες νωρίτερα. Τα φύλλα δεν τρώγονται, απλώς αρωματίζουν τα ντολμαδάκια.*

- **500 γρ. ανάμεικτος κιμάς, χοιρινός και μοσχαρίσιος**
- **1 κρεμμύδι ψιλοκομμένο**
- **$^1/_2$ φλιτζάνι βρασμένο ρύζι**
- **$^1/_4$ φλιτζανιού παρμεζάνα τριμμένη**
- **1 αυγό ελαφρά χτυπημένο**
- **$^1/_4$ φλιτζανιού μαϊντανός ψιλοκομμένος • 1 κουταλιά ελαιόλαδο**
- **1 σκελίδα σκόρδο πολτοποιημένο**
- **2 κουταλάκια ξύσμα λεμονιού**
- **16 μεγάλα φύλλα λεμονιάς, πλυμένα**

Ζυμώστε τον κιμά με το κρεμμύδι, το ρύζι, την παρμεζάνα, το αυγό, το σκόρδο και το ξύσμα. Πλάστε τον σε 16 σουτζουκάκια. Βάλτε ένα σουτζουκάκι σε κάθε φύλλο λεμονιάς, τυλίξτε το και στερεώστε το με οδοντογλυφίδες. Αλείψτε τα φύλλα γύρω γύρω με λάδι και ψήστε τα στη σχάρα. Βγαίνουν 16 κομμάτια.

**Κατάψυξη:** Όχι.

**Φούρνος μικροκυμάτων:** Όχι.

*Επάνω: Ρολά μοσχαριού με καβούρι σουβλάκι και σάλτσα λεμονιού.*
*Κέντρο αριστερά: Ντολμαδάκια σε λεμονόφυλλα. Κάτω: Μοσχαρίσιες μπριζόλες μαρινάτες σε σιρόπι.*

## ΡΟΛΑ ΜΟΣΧΑΡΙΟΥ ΜΕ ΚΑΒΟΥΡΙ ΣΟΥΒΛΑΚΙ ΚΑΙ ΣΑΛΤΣΑ ΛΕΜΟΝΙΟΥ

*Μπορεί να προετοιμαστεί την προηγουμένη.*

- **6 μοσχαρίσια σνίτσελ των 100 γρ.**
- **18 κρεμμυδάκια στιφάδου**
- **2 κουταλιές λάδι**

ΓΕΜΙΣΗ ΚΑΒΟΥΡΙΟΥ

- **1 φέτα μπέικον ψιλοκομμένη**
- **2 φρέσκα κρεμμυδάκια ψιλοκομμένα**
- **170 γρ. κονσέρβα καβούρι στραγγισμένο • 30 γρ. βούτυρο**
- **$^1/_3$ φλιτζανιού μαϊντανός ψιλοκομμένος • $^1/_4$ φλιτζανιού χυμός λεμονιού**
- **$^1/_4$ φλιτζανιού παλιό ψωμί τριμμένο**

ΣΑΛΤΣΑ ΛΕΜΟΝΙΟΥ

- **1 φλιτζάνι νερό**
- **$^1/_4$ φλιτζανιού χυμός λεμονιού**
- **1 κύβος ζωμός κότας θρυμματισμένος**
- **1 κρόκος αυγού • 30 γρ. βούτυρο**
- **1 κουταλιά κορνφλάουρ**
- **1 κουταλιά νερό επιπλέον**

Χτυπήστε τα σνίτσελ να λεπτύνουν και κόψτε τα στα 4. Αλείψτε σε κάθε κομμάτι 2 κοφτά κουταλάκια γέμιση καβουριού και τυλίξτε τα. Περάστε τα ρολά σε καλαμάκια εναλλάξ με τα κρεμμύδια. Ψήστε τα σουβλάκια αλείφοντας με λάδι ώσπου να μαλακώσουν. Σερβίρετε με τη σάλτσα λεμονιού.

**Γέμιση καβουριού:** Ζεστάνετε το βούτυρο σε τηγάνι και σωτάρετε το μπέικον με τα φρέσκα κρεμμυδάκια ώσπου να ροδίσει ελαφρά το μπέικον. Ανακατώστε σε μπολ το μείγμα με τα υπόλοιπα υλικά.

**Σάλτσα λεμονιού:** Ανακατώστε σε κατσαρόλι νερό, χυμό και κύβο και αφήστε τα να πάρουν βράση. Ανακατώστε χωριστά τον κρόκο, το κορνφλάουρ και το επιπλέον νερό, ανακατώστε το μείγμα στη σάλτσα και βράστε ανακατώνοντας ώσπου να πηχτώσει. Κατεβάστε το από τη φωτιά, προσθέστε το βούτυρο και ανακατώστε καλά.
Μερίδες 6.

**Κατάψυξη:** Όχι.

**Φούρνος μικροκυμάτων:** Όχι.

*Επάνω: Μοσχάρι φέτα με μπράντι. Κάτω: Ρολά μοσχαριού με μήλο και μπέικον.*

## ΜΟΣΧΑΡΙ ΦΕΤΑ ΜΕ ΜΠΡΑΝΤΙ

*Μπορεί να προετοιμαστεί την προηγουμένη.*

**• 6 φέτες ψαχνό μοσχάρι**

ΜΑΡΙΝΑΤΑ

**• 2 κουταλάκια πράσινα πιπέρια κονσέρβα, στραγγισμένα • 1 κουταλιά λάδι • 1 κουταλιά φρέσκια ρίγανη ψιλοκομμένη • 1/4 φλιτζανιού μπράντι**

Ανακατώστε το κρέας με τη μαρινάτα σε μπολ και βάλτε το στο ψυγείο αρκετές ώρες ή ολόκληρη τη νύχτα. Ψήστε το κρέας σε καυτή λαδωμένη πλάκα μπάρμπεκιου ώσπου να μαλακώσει.

**Μαρινάτα:** Ανακατώστε καλά όλα τα υλικά μέσα σε μπολ.

Μερίδες 6.

**Κατάψυξη:** Όχι.

**Φούρνος μικροκυμάτων:** Όχι.

## ΡΟΛΑ ΜΟΣΧΑΡΙΟΥ ΜΕ ΜΗΛΟ ΚΑΙ ΜΠΕΪΚΟΝ

*Καλύτερα να γίνει λίγο πριν σερβίρετε.*

**• 60 γρ. βούτυρο • αλεύρι**
**• 1 κρεμμύδι ψιλοκομμένο**
**• 6 φέτες μπέικον ψιλοκομμένες**
**• 1 σκελίδα σκόρδο πολτοποιημένο**
**• 410 γρ. κονσέρβα μήλο για πίτα**
**• 1/2 φλιτζάνι έτοιμο μείγμα γέμισης**
**• 1/2 φλιτζάνι φρέσκος δυόσμος ψιλοκομμένος • 12 λεπτά σνίτσελ μοσχαριού**

Ζεστάνετε το λάδι σε τηγάνι και σωτάρετε κρεμμύδι, σκόρδο και μπέικον. Ανακατώστε σε μπολ το μείγμα κρεμμυδιού με το μήλο, την έτοιμη γέμιση και το δυόσμο. Μοιράστε τη γέμιση στα σνίτσελ, τυλίξτε τα και στερεώστε με οδοντογλυφίδες. Αλευρώστε τα ρολά και τινάξτε το περίσσιο αλεύρι. Ψήστε τα ρολά σε καυτή λαδωμένη πλάκα μπάρμπεκιου ώσπου να μαλακώσουν.

Βγαίνουν 12 κομμάτια.

**Κατάψυξη:** Όχι.

**Φούρνος μικροκυμάτων:** Όχι.

## ΜΠΡΙΖΟΛΕΣ ΠΙΚΑΝΤΙΚΕΣ

*Μπορεί να προετοιμαστεί την προηγουμένη.*

- 2 κουταλιές σάλτσα στρειδιού
- 1 κουταλιά σάλτσα ψαριού
- 1 κουταλιά σάλτσα μανταρινιού
- 2 κουταλιές λάδι
- 1 κουταλάκι πάπρικα
- 1 κουταλάκι κύμινο αλεσμένο
- $^{1}/_{2}$ κουταλάκι κολίανδρος αλεσμένος
- $^{1}/_{4}$ κουταλάκι κόκκινο πιπέρι
- $^{1}/_{2}$ κουταλάκι σαμπάλ οελέκ
- 6 μικρές μοσχαρίσιες μπριζόλες

Ανακατώστε σε ρηχό σκεύος σάλτσες, λάδι, μπαχαρικά και σαμπάλ οελέκ, βάλτε μέσα τις μπριζόλες, γυρίστε τες να καλυφθούν με τη μαρινάτα και βάλτε τις στο ψυγείο αρκετές ώρες ή ολόκληρη τη νύχτα. Ψήστε τις μπριζόλες σε καυτή λαδωμένη πλάκα μπάρμπεκιου αλείφοντας με τη μαρινάτα ώσπου να μαλακώσουν.
Μερίδες 6.

**Κατάψυξη:** Ναι.

**Φούρνος μικροκυμάτων:** Όχι.

## ΜΟΣΧΑΡΙ ΜΑΡΙΝΑΤΟ ΣΕ ΠΟΡΤΟΚΑΛΙ

*Μπορεί να προετοιμαστεί 2 μέρες νωρίτερα.*

- 2 κιλά νουά μοσχαριού

ΜΑΡΙΝΑΤΑ

- 410 γρ. κονσέρβα ντομάτες
- 1 κουταλιά ξύσμα πορτοκαλιού
- 1 φλιτζάνι χυμός πορτοκαλιού
- $^{1}/_{4}$ φλιτζανιού κρασόξυδο
- $^{1}/_{2}$ φλιτζάνι μέλι
- 2 κουταλιές λικέρ Γκραν Μαρνιέ
- 1 κουταλάκι μπαχάρι αλεσμένο
- $^{1}/_{4}$ κουταλάκι πάπρικα
- 4 φρέσκα κρεμμυδάκια ψιλοκομμένα

Βάλτε το κρέας σε μεγάλο μπολ, περιχύστε με τη μαρινάτα και βάλτε το στο ψυγείο ολόκληρη τη νύχτα.
Στραγγίστε το κρέας και κρατήστε τη μαρινάτα. Ψήστε το κρέας σε σκεπαστό μπάρμπεκιου ή σε γάστρα ώσπου να μαλακώσει.
Ζεστάνετε σε κατσαρόλι τη μαρινάτα που κρατήσατε και βράστε την ξεσκέπαστη περίπου 5′ ώσπου να πηχτώσει ελαφρά. Περιχύστε το κρέας.

**Μαρινάτα:** Πολτοποιήστε τις ντομάτες στο μπλέντερ. Ανακατώστε τις ντομάτες με τα υπόλοιπα υλικά σε μπολ.
Μερίδες 8.

**Κατάψυξη:** Όχι.

**Φούρνος μικροκυμάτων:** Όχι.

## ΡΟΛΟ ΜΟΣΧΑΡΙ ΜΕ ΓΕΜΙΣΗ ΚΡΕΜΜΥΔΙΟΥ

*Ζητήστε από το χασάπη να σας ανοίξει το κρέας για ρολό. Μπορεί να προετοιμαστεί την προηγουμένη.*

- **2 κιλά καπάκι μοσχαριού**

ΓΕΜΙΣΗ ΚΡΕΜΜΥΔΙΟΥ

- **15 γρ. βούτυρο**
- **1 άσπρο κρεμμύδι ψιλοκομμένο**
- **1 κόκκινο κρεμμύδι ψιλοκομμένο**
- **4 φρέσκα κρεμμυδάκια ψιλοκομμένα**
- **2 κουταλιές μαύρη ζάχαρη**
- **2 κουταλιές σκορδόπρασο ψιλοκομμένο**
- **1/2 φλιτζάνι παλιό ψωμί τριμμένο**
- **1 κουταλιά σκόνη έτοιμης κρεμμυδόσουπας**

Απλώστε το κρέας στον πάγκο, απλώστε τη γέμιση σ' όλη την επιφάνεια, τυλίξτε το σφιχτά σε ρολό και δέστε το με σπάγκο. Ψήστε το ρολό σε σκεπαστό μπάρμπεκιου ή σε γάστρα ώσπου να μαλακώσει. Αφήστε το 15' και κόψτε το σε φέτες.

**Γέμιση κρεμμυδιού:** Ζεστάνετε το βούτυρο σε κατσαρόλα και σωτάρετε τα κρεμμύδια ώσπου να μαλακώσουν. Ρίξτε τη ζάχαρη και ανακατώστε ώσπου να διαλυθεί και να γλασαριστούν τα κρεμμύδια. Αφήστε να κρυώσει. Ανακατώστε μέσα φρέσκα κρεμμυδάκια, σκορδόπρασο, ψωμί και σκόνη σούπας.

Μερίδες 10.

**Κατάψυξη:** Όχι.

**Φούρνος μικροκυμάτων:** Όχι.

*Επάνω δεξιά: Μοσχάρι μαρινάτο σε πορτοκάλι.*
*Επάνω αριστερά: Ρολό μοσχάρι με γέμιση κρεμμυδιού.*
*Κάτω: Μπριζόλες πικάντικες.*

## ΣΟΥΒΛΑΚΙΑ ΜΟΣΧΑΡΙΣΙΑ ΜΕ ΖΕΣΤΗ ΒΙΝΕΓΚΡΕΤ ΦΡΑΟΥΛΑΣ

*Σουβλάκια και βινεγκρέτ μπορούν να προετοιμαστούν χωριστά 2 μέρες νωρίτερα.*

- **750 γρ. κυλότο ή καπάκι μοσχαριού κομμένο για σουβλάκι**
- **1 κουταλιά φρέσκια ρίγανη ψιλοκομμένη**
- **1 κουταλιά ελαιόλαδο**
- **1 σκελίδα σκόρδο πολτοποιημένο**

ΖΕΣΤΗ ΒΙΝΕΓΚΡΕΤ ΦΡΑΟΥΛΑΣ

- **250 γρ. φράουλες**
- **1/4 φλιτζανιού κρασόξυδο**
- **1/4 κουταλάκι ξύσμα λεμονιού**
- **1 κουταλιά χυμός λεμονιού**
- **1/2 φλιτζάνι λάδι**
- **1 1/2 κουταλάκι ζάχαρη**
- **1 κουταλιά σκορδόπρασο ψιλοκομμένο**

Ανακατώστε σε μπολ κρέας, ρίγανη, λάδι και σκόρδο και βάλτε τα στο ψυγείο 1 ώρα. Περάστε το κρέας σε καλαμάκια και ψήστε το στη σχάρα ώσπου να μαλακώσει. Σερβίρετε με τη ζεστή βινεγκρέτ φράουλας.

**Ζεστή βινεγκρέτ φράουλας:** Πολτοποιήστε τις φράουλες στο μπλέντερ μαζί με το ξύδι, το ξύσμα, το χυμό, το λάδι και τη ζάχαρη. Σουρώστε. Ζεστάνετε το μείγμα σε κατσαρόλι και προσθέστε το σκορδόπρασο.

Μερίδες 6.

**Κατάψυξη:** Ναι, τα σουβλάκια.

**Φούρνος μικροκυμάτων:** Όχι.

*Σουβλάκια μοσχαρίσια με ζεστή βινεγκρέτ φράουλας.*

# ΣΑΛΑΤΕΣ

*Επάνω: Σαλάτα κολοκύθα με καρύδι. Αριστερά: Σαλάτα ρύζι με κάρυ. Κάτω: Φρέσκα φασολάκια με ντρέσιγκ σκόρδου.*

## ΦΡΕΣΚΑ ΦΑΣΟΛΑΚΙΑ ΜΕ ΝΤΡΕΣΙΓΚ ΣΚΟΡΔΟΥ

*Μπορεί να γίνει 3 ώρες νωρίτερα.*

- **500 γρ. φρέσκα φασολάκια**
- **250 γρ. κερασοντομάτες**

ΝΤΡΕΣΙΓΚ

- **1 κουταλάκι ξύσμα λεμονιού**
- **2 κουταλιές χυμός λεμονιού**
- **2 σκελίδες σκόρδο πολτοποιημένο**
- **1/2 κουταλάκι ζάχαρη**
- **1 κουταλιά φρέσκος βασιλικός ψιλοκομμένος** • **1/4 φλιτζανιού ελαιόλαδο**

Βράστε τα φασολάκια ώσπου να μαλακώσουν μέτρια. Στραγγίστε τα. Ανακατώστε σε μπολ φασολάκια, ντομάτες και ντρέσιγκ.

**Ντρέσιγκ:** Ανακατώστε καλά όλα τα υλικά μέσα σε μπολ.
Μερίδες 6.

**Κατάψυξη:** Όχι.

**Φούρνος μικροκυμάτων:** Ναι, τα φασολάκια.

## ΣΑΛΑΤΑ ΚΟΛΟΚΥΘΑ ΜΕ ΚΑΡΥΔΙ

*Μπορεί να γίνει την προηγουμένη.*

- **1 κιλό κολοκύθα κομμένη σε κύβους**
- **2 φέτες μπέικον ψιλοκομμένες**
- **3/4 φλιτζανιού καρύδι κοπανισμένο**
- **1 μήλο κομμένο σε κύβους**
- **3 φρέσκα κρεμμυδάκια ψιλοκομμένα**
- **1 κλαδάκι σέλινο ψιλοκομμένο**
- **1/2 φλιτζάνι μαγιονέζα**
- **1/2 κουταλάκι μοσχοκάρυδο αλεσμένο**

Βράστε την κολοκύθα ώσπου να μαλακώσει ελαφρά. Ξεπλύνετε με κρύο νερό, στραγγίστε και αφήστε να κρυώσει. Βάλτε κολοκύθα, μπέικον και τα υπόλοιπα υλικά σε μπολ και ανακατώστε απαλά.
Μερίδες 6.

**Κατάψυξη:** Όχι.

**Φούρνος μικροκυμάτων:** Ναι, η κολοκύθα.

## ΣΑΛΑΤΑ ΡΥΖΙ ΜΕ ΚΑΡΥ

*Μπορεί να γίνει 3 ώρες νωρίτερα.*

- **3 φλιτζάνια βρασμένο ρύζι**
- **1 κρεμμύδι ψιλοκομμένο**
- **1 μικρό μήλο ψιλοκομμένο**
- **1 μικρή κόκκινη πιπεριά ψιλοκομμένη** • **1/2 φλιτζάνι σταφίδα σουλτανίνα**
- **2 κουταλιές μαϊντανός ψιλοκομμένος**
- **1 κουταλιά άσπρο κρασόξυδο**
- **1/2 φλιτζάνι γαλλικό ντρέσιγκ**
- **2 κουταλάκια σκόνη κάρυ**

Ανακατώστε καλά όλα τα υλικά μέσα σε μπολ.
Μερίδες 6.

**Κατάψυξη:** Όχι.

**Φούρνος μικροκυμάτων:** Ναι, το ρύζι.

## ΣΑΛΑΤΑ ΝΕΡΟΚΑΡΔΑΜΟ ΜΕ ΝΤΡΕΣΙΓΚ ΚΑΡΥΔΙΟΥ

*Καλύτερα να γίνει λίγο πριν σερβίρετε.*

- **150 γρ. κίτρινο τυρί κομμένο σε φέτες • 1 κόκκινο μαρούλι**
- **1 πορτοκάλι κομμένο σε φέτες**
- **1 μήλο κομμένο σε φέτες**
- **6 φρέσκα κρεμμυδάκια χοντροκομμένα • 1/2 φλιτζάνι καρύδι σπασμένο**
- **1/2 φλιτζάνι φύλλα φρέσκου κολίανδρου • 3 φλιτζάνια νεροκάρδαμο**

ΝΤΡΕΣΙΓΚ ΚΑΡΥΔΙΟΥ

- **110 γρ. κονσέρβα ζελέ μήλου**
- **1/2 φλιτζάνι φύλλα φρέσκου κολίανδρου • 1 κρόκος αυγού**
- **1/4 φλιτζανιού άσπρο κρασόξυδο**
- **2 κουταλιές καρυδέλαιο**
- **1/4 φλιτζανιού ελαιόλαδο**

Κόψτε το μαρούλι με το χέρι σε μεγάλα κομμάτια και απλώστε τα στην πιατέλα μαζί με το νεροκάρδαμο. Βάλτε από πάνω τα υπόλοιπα υλικά. Περιχύστε με το ντρέσιγκ.

**Ντρέσιγκ καρυδιού:** Πολτοποιήστε στο μπλέντερ τον κρόκο με το ζελέ, τον κολίανδρο και το ξύδι. Με το μπλέντερ να δουλεύει ρίξτε σιγά σιγά τα λάδια και συνεχίστε να χτυπάτε ώσπου το μείγμα να γίνει ομοιόμορφο και να πηχτώσει ελαφρά.
Μερίδες 6.

**Κατάψυξη:** Όχι.

*ΑΡΙΣΤΕΡΑ: Επάνω: Σαλάτα νεροκάρδαμο με ντρέσιγκ καρυδιού. Κάτω: Σαλάτα ζυμαρικό με σαλάμι πεπερόνι.*

## ΣΑΛΑΤΑ ΖΥΜΑΡΙΚΟ ΜΕ ΣΑΛΑΜΙ ΠΕΠΕΡΟΝΙ

*Μπορεί να γίνει 3 ώρες νωρίτερα.*

- **200 γρ. ιταλικό σαλάμι πεπερόνι ψιλοκομμένο • 350 γρ. ζυμαρικό**
- **1/2 φλιτζάνι λιαστές ντομάτες ψιλοκομμένες • 1/2 φλιτζάνι αρακάς βρασμένος • 1/2 φλιτζάνι παρμεζάνα τριμμένη**

ΝΤΡΕΣΙΓΚ

- **1/4 φλιτζανιού φρέσκος βασιλικός ψιλοκομμένος • 1/2 φλιτζάνι ελαιόλαδο**
- **1/4 φλιτζανιού σκορδόπρασο ψιλοκομμένο • 1/3 φλιτζανιού άσπρο κρασόξυδο**

Ρίξτε το ζυμαρικό σε κατσαρόλα με βραστό νερό και βράστε το ξεσκέπαστο. Στραγγίστε, ξεπλύνετε με ζεστό νερό και στραγγίστε. Ανακατώστε σε μπολ ζυμαρικό, σαλάμι, αρακά, ντομάτες, παρμεζάνα και ντρέσιγκ.

**Ντρέσινγκ:** Ανακατώστε καλά όλα τα υλικά.
Μερίδες 6.

**Κατάψυξη:** Όχι.

*Σαλάτα γαρίδες με πεπόνι.*

## ΣΑΛΑΤΑ ΓΑΡΙΔΕΣ ΜΕ ΠΕΠΟΝΙ

*Καλύτερα να γίνει λίγο πριν σερβίρετε.*

- **500 γρ. γαρίδες βρασμένες, ξεφλουδισμένες • 1/2 κίτρινο πεπόνι κομμένο σε μικρά κομμάτια • 1/2 πράσινο πεπόνι κομμένο σε μικρά κομμάτια • 1 σγουρό μαρούλι κομμένο σε μεγάλα κομμάτια**

ΝΤΡΕΣΙΓΚ ΜΑΓΙΟΝΕΖΑΣ

- **1 κουταλιά κέτσαπ**
- **2 κουταλάκια σάλτσα γουόρστερσάιρ**
- **1/2 φλιτζάνι μαγιονέζα**
- **1 κουταλιά χυμός λεμονιού**
- **2 κουταλιές μαϊντανός ψιλοκομμένος**
- **2 κουταλάκια ζάχαρη**

*Επάνω: Πράσινη σαλάτα με φουντούκι και μπέικον. Κάτω: Σαλάτα ρεβύθια με ντρέσιγκ γιαουρτιού.*

Απλώστε το μαρούλι στην πιατέλα, βάλτε από πάνω γαρίδες και πεπόνι και περιχύστε με το ντρέσιγκ.

**Ντρέσιγκ μαγιονέζας:** Ανακατώστε καλά όλα τα υλικά.

Μερίδες 6.

**Κατάψυξη:** Όχι.

## ΣΑΛΑΤΑ ΡΕΒΥΘΙΑ ΜΕ ΝΤΡΕΣΙΓΚ ΓΙΑΟΥΡΤΙΟΥ

*Μπορεί να γίνει 3 ώρες νωρίτερα.*

- **1 φλιτζάνι ξερά ρεβύθια**
- **1 κόκκινη πιπεριά σε λωρίδες**
- **2 μικρά αγγούρια κομμένα σε φέτες**
- **1 κρεμμύδι κομμένο σε φέτες**

ΝΤΡΕΣΙΓΚ ΓΙΑΟΥΡΤΙΟΥ

- **1 μικρό αγγούρι ψιλοκομμένο**
- **1 φλιτζάνι γιαούρτι**
- **$^1/_4$ φλιτζανιού ξινή κρέμα γάλακτος**
- **2 κουταλιές χυμός λεμονιού**
- **2 κουταλιές φρέσκος δυόσμος ψιλοκομμένος**
- **2 κουταλιές σκορδόπρασο ψιλοκομμένο**

Βάλτε τα ρεβύθια σε κρύο νερό και μουσκέψτε τα μια νύχτα. Στραγγίστε τα. Ρίξτε τα ρεβύθια σε κατσαρόλα με βραστό νερό και βράστε τα 1 ώρα ώσπου να μαλακώσουν. Ανακατώστε ρεβύθια, πιπεριά, αγγούρι, κρεμμύδι και ντρέσιγκ σε μπολ.

**Ντρέσιγκ γιαουρτιού:** Ανακατώστε καλά όλα τα υλικά μέσα σε μπολ.

Μερίδες 8.

**Κατάψυξη:** Όχι.

## ΠΡΑΣΙΝΗ ΣΑΛΑΤΑ ΜΕ ΦΟΥΝΤΟΥΚΙ ΚΑΙ ΜΠΕΪΚΟΝ

*Καλύτερα να γίνει λίγο πριν σερβίρετε.*

- **1 σγουρό μαρούλι**
- **1 κοινό μαρούλι**
- **1 κόκκινο μαρούλι**
- **1 φλιτζάνι νεροκάρδαμο**
- **3 φέτες ψωμί**
- **8 φέτες μπέικον ψιλοκομμένες**
- **$^1/_2$ φλιτζάνι ψημένα φουντούκια**

ΝΤΡΕΣΙΓΚ

- **1 κουταλιά φουντουκέλαιο**
- **$^1/_4$ φλιτζανιού ελαιόλαδο**
- **2 κουταλιές αρωματικό ξύδι**
- **2 σκελίδες σκόρδο πολτοποιημένο**

Απλώστε τα φύλλα των μαρουλιών και το νεροκάρδαμο σε πιατέλα. Αφαιρέστε την κόρα από το ψωμί και κόψτε το σε κύβους. Τηγανίστε ψωμί και μπέικον ώσπου να ροδίσουν και να ξεροψηθούν. Στραγγίστε πάνω σε απορροφητικό χαρτί και αφήστε να κρυώσουν.

Ρίξτε πάνω από το μαρούλι το ψωμί, το μπέικον, τα φουντούκια και το ντρέσιγκ.

**Ντρέσιγκ:** Ανακατώστε όλα τα υλικά μέσα σε βάζο και χτυπήστε τα.

Μερίδες 6.

**Κατάψυξη:** Όχι.

## ΣΑΛΑΤΑ ΚΑΡΟΤΟ ΜΕ ΝΤΡΕΣΙΓΚ ΠΟΡΤΟΚΑΛΙΟΥ

*Καλύτερα να γίνει λίγο πριν σερβίρετε.*

- **1 μαρούλι** • **1 καρότο**
- **1 κρεμμύδι κομμένο σε φέτες**
- **1 αβοκάντο κομμένο σε φέτες**
- **$^1/_2$ φλιτζάνι καρύδι**
- **1 φλιτζάνι μαϊντανός άκοπος**

ΝΤΡΕΣΙΓΚ

- **$^1/_4$ φλιτζανιού κρασόξυδο**
- **$^1/_2$ φλιτζάνι λάδι ελιάς**
- **1 κουταλάκι ξύσμα πορτοκαλιού**
- **2 κουταλιές χυμός πορτοκαλιού**
- **1 κουταλάκι μαϊντανός ψιλοκομμένος**
- **1 κουταλάκι βασιλικός ψιλοκομμένος**
- **1 κουταλάκι σκορδόπρασο ψιλοκομμένο** • **2 κρόκοι αυγών**

Κόψτε το μαρούλι με το χέρι και απλώστε το στην πιατέλα. Κόψτε το καρότο σε λεπτά ραβδάκια και βάλτε το επάνω στο μαρούλι μα-

*Επάνω: Σαλάτα καρότο με ντρέσιγκ πορτοκαλιού. Κάτω: Ζεστή σαλάτα κρεμμύδι.*

ζί με τα υπόλοιπα υλικά. Περιχύστε με το ντρέσιγκ.

**Ντρέσιγκ:** Ανακατώστε ξύδι, λάδι, ξύσμα και χυμό πορτοκαλιού μέσα σε κανάτα. Χτυπήστε στο μπλέντερ τους κρόκους και τα μυρωδικά. Με το μπλέντερ να δουλεύει ρίξτε λίγο λίγο το λαδόξυδο και χτυπήστε ώσπου να πηχτώσει ελαφρά το ντρέσιγκ.
Μερίδες 4.

**Κατάψυξη:** Όχι.

**Φούρνος μικροκυμάτων:** Όχι.

## ΖΕΣΤΗ ΣΑΛΑΤΑ ΚΡΕΜΜΥΔΙ

*Μπορεί να προετοιμαστεί την προηγουμένη.*

**• 1 κιλό άσπρα κρεμμύδια κομμένα σε φέτες • 3/4 φλιτζανιού ελαιόλαδο • 1/4 φλιτζανιού κρασόξυδο • 1 κουταλιά μουστάρδα με σπόρους • 1 κουταλιά φρέσκο εστραγκόν ψιλοκομμένο • 2 κουταλάκια μέλι**

Ανακατώστε καλά όλα τα υλικά μέσα σε μπολ και βάλτε τα στο ψυγείο αρκετές ώρες. Ψήστε το μείγμα σε καυτή πλάκα μπάρμπεκιου.
Μερίδες 8

**Κατάψυξη:** Όχι.

**Φούρνος μικροκυμάτων:** Όχι.

# ΛΑΧΑΝΙΚΑ

## ΦΑΣΟΛΑΚΙΑ ΚΑΙ ΝΤΟΜΑΤΑ ΠΑΚΕΤΟ

*Καλύτερα να γίνει λίγο πριν σερβίρετε.*

- **500 γρ. φρέσκα φασολάκια κομμένα σε μέτρια κομμάτια**
- **1 ντομάτα χοντροκομμένη**

ΝΤΡΕΣΙΓΚ

- **1 ντομάτα ψιλοκομμένη**
- **1/4 φλιτζανιού ξύδι με εστραγκόν**
- **1/4 φλιτζανιού ελαιόλαδο**
- **1 κουταλιά φρέσκο εστραγκόν ψιλοκομμένο**

Ανακατώστε σε μπολ ντομάτα και φασολάκια και μοιράστε το μείγμα σε 6 μεγάλα κομμάτια λαδωμένο αλουμινόχαρτο. Σηκώστε το αλουμινόχαρτο γύρω γύρω στα λαχανικά, περιχύστε με το ντρέσιγκ και κλείστε καλά το αλουμινόχαρτο. Ψήστε τα πακέτα στη σχάρα ώσπου να μαλακώσουν τα λαχανικά.

**Ντρέσιγκ:** Ανακατώστε καλά όλα τα υλικά μέσα σε μπολ.

Μερίδες 6.

**Κατάψυξη:** Όχι.

**Φούρνος μικροκυμάτων:** Ναι.

## ΤΗΓΑΝΗΤΗ ΣΑΛΑΤΑ

*Καλύτερα να γίνει λίγο πριν σερβίρετε.*

- **30 γρ. βούτυρο**
- **2 σκελίδες σκόρδο πολτοποιημένο**
- **6 φρέσκα κρεμμυδάκια ψιλοκομμένα**
- **4 καρότα τριμμένα**
- **4 κολοκυθάκια τριμμένα**
- **2 φλιτζάνια φύτρα σόγιας**
- **2 κουταλιές χυμός λεμονιού**
- **2 κουταλιές ελαφριά σάλτσα σόγιας**
- **2 φλιτζάνια φύτρα αλφάλφα**

Ζεστάνετε το βούτυρο σε τηγάνι πάνω στο μπάρμπεκιου και σωτάρετε σκόρδο και φρέσκα κρεμμυδάκια ώσπου να μαλακώσουν. Προσθέστε καρότα, κολοκυθάκια και φύτρα σόγιας και σωτάρετε ανακατώνοντας ώσπου να μαλακώσουν. Προσθέστε το χυμό και τη σάλτσα και βράστε 1 λεπτό. Ανακατώστε μέσα την αλφάλφα πριν σερβίρετε.

Μερίδες 6.

**Κατάψυξη:** Όχι.

**Φούρνος μικροκυμάτων:** Ναι.

*Επάνω: Τηγανιτή σαλάτα.*
*Κάτω: Φασολάκια και ντομάτα πακέτο.*

## ΛΑΧΑΝΙΚΑ ΤΗΓΑΝΗΤΑ ΜΕ ΤΖΙΝΤΖΕΡ

*Καλύτερα να γίνει λίγο πριν σερβίρετε.*

- **2 κρεμμύδια κομμένα σε φέτες**
- **1 σκελίδα σκόρδο πολτοποιημένο**
- **1 ½ κουταλιά φρέσκο τζίντζερ τριμμένο • 2 κουταλάκια σουσαμέλαιο**
- **125 γρ. μπρόκολα κομμένα σε μπουκετάκια • ¼ φλιτζανιού λάδι**
- **125 γρ. κουνουπίδι κομμένο σε μπουκετάκια • 200 γρ. κινέζικα μπιζελάκια**
- **1 μικρή κόκκινη πιπεριά χοντροκομμένη • ½ φλιτζάνι νερό**
- **230 γρ. κονσέρβα νεροκάστανα στραγγισμένα**
- **2 κουταλιές ελαφριά σάλτσα σόγιας**
- **½ κύβος ζωμός κότας θρυμματισμένος**
- **2 κλαδάκια σέλινο χοντροκομμένα**

Ζεστάνετε το λάδι στην πλάκα του μπάρμπεκιου ή σε τηγάνι ή σε γουόκ. Ρίξτε κρεμμύδι, σκόρδο, τζίντζερ, μπρόκολα και κουνουπίδι και τηγανίστε ανακατώνοντας συνεχώς ώσπου να μαλακώσει το κρεμμύδι. Προσθέστε μπιζελάκια, πιπεριά, σέλινο, νεροκάστανα, σάλτσα και τον κύβο διαλυμένο στο νερό. Ψήστε ανακατώνοντας συνεχώς ώσπου να μαλακώσουν τα λαχανικά.

Μερίδες 4.

**Κατάψυξη:** Όχι.

**Φούρνος μικροκυμάτων:** Όχι.

## ΠΑΤΑΤΕΣ ΜΕ ΠΑΡΜΕΖΑΝΑ ΚΑΙ ΜΥΡΩΔΙΚΑ

*Καλύτερα να γίνει λίγο πριν σερβίρετε.*

- **500 γρ. πατάτες**
- **½ φλιτζάνι παρμεζάνα τριμμένη**
- **1 κουταλιά μαϊντανός ψιλοκομμένος**
- **1 κουταλιά σκορδόπρασο ψιλοκομμένο**
- **½ κουταλάκι πάπρικα**

Πλύνετε καλά τις πατάτες με το φλούδι και κόψτε τες σε χοντρές φέτες. Ψήστε σε καυτή, καλά λαδωμένη πλάκα μπάρμπεκιου ώσπου να μαλακώσουν. Ανακατώστε τυρί, μαϊντανό, σκορδόπρασο και πάπρικα και πασπαλίστε τις πατάτες.

Μερίδες 4.

**Κατάψυξη:** Όχι.

**Φούρνος μικροκυμάτων:** Όχι.

*Αριστερά: Λαχανικά τηγανητά με τζίντζερ.*
*Δεξιά: Πατάτες με παρμεζάνα και μυρωδικά.*

## ΛΑΧΑΝΙΚΑ ΣΟΥΒΛΑΚΙ ΛΕΜΟΝΑΤΑ

*Τα σουβλάκια μπορούν να προετοιμαστούν 3 ώρες νωρίτερα*

- **1 μεγάλη μελιτζάνα**
- **αλάτι**
- **1 μεγάλη κόκκινη πιπεριά κομμένη σε κομμάτια**
- **9 μικρά κρεμμύδια κομμένα στη μέση**
- **18 μικρά μανιτάρια**
- **$^1/_3$ φλιτζανιού μαϊντανός ψιλοκομμένος**
- **2 κουταλιές σκορδόπρασο ψιλοκομμένο**

ΑΛΕΙΜΜΑ ΛΕΜΟΝΙΟΥ

- **$^1/_2$ φλιτζάνι χυμός λεμονιού**
- **2 κουταλιές λάδι**
- **1 σκελίδα σκόρδο πολτοποιημένο**

Κόψτε τη μελιτζάνα σε λωρίδες, πασπαλίστε με το αλάτι μέσα σε σουρωτήρι και αφήστε την 30΄. Ξεπλύνετε με άφθονο κρύο νερό, στραγγίστε και στεγνώστε τη με απορροφητικό χαρτί. Περάστε σε καλαμάκι εναλλάξ μελιτζάνα, πιπεριά, κρεμμύδια και μανιτάρια.
Ψήστε τα σουβλάκια στη σχάρα αλείφοντας με το άλειμμα λεμονιού ώσπου να μαλακώσουν τα κρεμμύδια. Πασπαλίστε με μαϊντανό και σκορδόπρασο πριν σερβίρετε.

**Άλειμμα λεμονιού:** Ανακατώστε καλά όλα τα υλικά μέσα σε μπολ.
Μερίδες 4.

**Κατάψυξη:** Όχι.

**Φούρνος μικροκυμάτων:** Όχι.

## ΠΑΤΑΤΕΣ ΓΕΜΙΣΤΕΣ ΜΕ ΚΑΒΟΥΡΙ

*Μπορεί να προετοιμαστεί 3 ώρες νωρίτερα.*

- **6 στρογγυλές πατάτες**
- **30 γρ. βούτυρο**
- **170 γρ. κονσέρβα καβούρι στραγγισμένο, θρυμματισμένο**
- **2 κουταλιές σκορδόπρασο ψιλοκομμένο**
- **$^1/_4$ φλιτζανιού μαγιονέζα**
- **$^1/_2$ φλιτζάνι ξινή κρέμα γάλακτος**
- **1 κουταλιά μαϊντανός ψιλοκομμένος**
- **2 κουταλιές καυτερό ρέλις καλαμποκιού**
- **1 κουταλιά χυμός λεμονιού**

Ψήστε τις πατάτες σε μέτριο φούρνο περίπου 40΄ ώσπου να μαλακώσουν και να ψηθούν μέχρι μέσα. Αφήστε να κρυώσουν.
Κόψτε την κορυφή κάθε πατάτας και αδειάστε τες με κουταλάκι αφήνοντας 1 εκ. σάρκας γύρω γύρω. Πολτοποιήστε την πατάτα που αφαιρέσατε μαζί με το βούτυρο. Ανακατώστε μέσα το καβούρι, το σκορδόπρασο, τη μαγιονέζα, την κρέμα γάλακτος, το μαϊντανό, το ρέλις και το χυμό. Γεμίστε τις πατάτες με το μείγμα και ξαναβάλτε τα καπάκια που αφαιρέσατε. Ζεστάνετε τις πατάτες σε σκεπαστό μπάρμπεκιου ή σε γάστρα.
Βγαίνουν 6 κομμάτια.

**Κατάψυξη:** Όχι.

**Φούρνος μικροκυμάτων:** Ναι.

## ΚΑΛΑΜΠΟΚΙΑ ΜΕ ΛΕΜΟΝΙ ΚΑΙ ΣΚΟΡΔΟ

*Μπορεί να προετοιμαστεί 2 μέρες νωρίτερα.*

- **6 φρέσκες κουκουνάρες καλαμπόκι**
- **1 κουταλάκι ξύσμα λεμονιού**
- **$^1/_3$ φλιτζανιού χυμός λεμονιού**
- **2 κουταλιές ελαφριά σάλτσα σόγιας**
- **2 κουταλιές ελαιόλαδο**
- **$^1/_2$ κουταλάκι σουσαμέλαιο**
- **1 σκελίδα σκόρδο πολτοποιημένο**
- **1 κουταλάκι μείγμα πιπεριού**

Ξεφλουδίστε τα καλαμπόκια και κόψτε τα στη μέση. Ανακατώστε σε μπολ τα καλαμπόκια με τα υπόλοιπα υλικά και βάλτε τα στο ψυγείο αρκετές ώρες ή ολόκληρη τη νύχτα. Τυλίξτε κάθε καλαμπόκι σε λαδωμένο αλουμινόχαρτο και στρίψτε τις άκρες να σφραγίσει. Ψήστε τα καλαμπόκια στη σχάρα.
Μερίδες 6.

**Κατάψυξη:** Όχι.

**Φούρνος μικροκυμάτων:** Όχι.

*Επάνω: Λαχανικά σουβλάκι λεμονάτα.*
*Κάτω: Πατάτες γεμιστές με καβούρι.*

## ΠΑΚΕΤΑ ΚΟΛΟΚΥΘΑΣ ΚΑΙ ΠΑΤΑΤΑΣ ΜΕ ΚΡΕΜΑ

*Καλύτερα να γίνει λίγο πριν σερβίρετε.*

- **1/2 φλιτζάνι κρέμα γάλακτος**
- **2 κουταλιές ξερό άσπρο κρασί**
- **1 φλιτζάνι τυρί τσένταρ τριμμένο**
- **60 γρ. βούτυρο**
- **1 κουταλιά μαϊντανός ψιλοκομμένος**
- **2 κουταλάκια μοσχοκάρυδο τριμμένο**
- **250 γρ. κολοκύθα κομμένη σε φέτες**
- **2 μεγάλες πατάτες κομμένες σε φέτες**
- **1 κρεμμύδι κομμένο σε φέτες**

Ανακατώστε σε μπολ κρέμα γάλακτος, κρασί, τυρί, βούτυρο, μαϊντανό και μοσχοκάρυδο. Μοιράστε κολοκύθα, πατάτες και κρεμμύδι σε 6 μεγάλα κομμάτια αλουμινόχαρτο. Ανασηκώστε το αλουμινόχαρτο γύρω γύρω από τα λαχανικά και περιχύστε με το μείγμα κρέμας γάλακτος εξίσου κάθε πακέτο. Κλείστε σφιχτά το αλουμινόχαρτο και ψήστε τα πακέτα στη σχάρα ώσπου να μαλακώσουν τα λαχανικά.
Μερίδες 6.

**Κατάψυξη:** Όχι.

**Φούρνος μικροκυμάτων:** Όχι.

## ΜΑΝΙΤΑΡΙΑ ΒΟΥΤΥΡΟΥ ΜΕ ΚΟΛΙΑΝΔΡΟ

*Το βούτυρο μπορεί να γίνει αρκετές μέρες νωρίτερα. Ψήστε τα μανιτάρια λίγο πριν σερβίρετε.*

- **125 γρ. βούτυρο**
- **1 σκελίδα σκόρδο πολτοποιημένο**
- **2 κουταλάκια ξύσμα πράσινου λεμονιού**
- **1/3 φλιτζάνι φρέσκος κολίανδρος ψιλοκομμένος**
- **500 γρ. μεγάλα μανιτάρια**

Ανακατώστε σε μπολ βούτυρο, σκόρδο, ξύσμα και κολίανδρο. Αλείψτε τα μανιτάρια με το μείγμα και ψήστε στη σχάρα ώσπου να μαλακώσουν.
Μερίδες 4.

**Κατάψυξη:** Όχι.

**Φούρνος μικροκυμάτων:** Όχι.

## ΝΤΟΜΑΤΕΣ ΨΗΤΕΣ ΜΕ ΤΥΡΙ

*Καλύτερα να γίνει λίγο πριν σερβίρετε.*

- **6 ντομάτες**

*Επάνω δεξιά: Μανιτάρια βουτύρου με κολίανδρο.*
*Αριστερά: Πακέτα κολοκύθας και πατάτας με κρέμα.*
*Κάτω: Καλαμπόκια με λεμόνι και σκόρδο (από σελ. 98).*

*Επάνω: Κολοκυθάκια γεμιστά με καυτερό ρύζι. Κάτω: Ντομάτες ψητές με τυρί.*

ΓΕΜΙΣΗ

- **1/4 φλιτζανιού φρέσκος βασιλικός ψιλοκομμένος** • **250 γρ. κίτρινο τυρί**
- **1 ιταλικό σαλάμι πεπερόνι ψιλοκομμένο**

Κόψτε τις ντομάτες στη μέση, βάλτε επάνω τη γέμιση, τυλίξτε τη βάση τους με αλουμινόχαρτο και ψήστε στη σχάρα ώσπου να λιώσει το τυρί.

**Γέμιση:** Ανακατώστε καλά όλα τα υλικά μέσα σε μπολ.
Μερίδες 6.

**Κατάψυξη:** Όχι.

**Φούρνος μικροκυμάτων:** Ναι.

## ΚΟΛΟΚΥΘΑΚΙΑ ΓΕΜΙΣΤΑ ΜΕ ΚΑΥΤΕΡΟ ΡΥΖΙ

*Καλύτερα να γίνει λίγο πριν σερβίρετε.*

- **6 κολοκυθάκια**
- **1 φλιτζάνι βρασμένο ρύζι**
- **1 κουταλιά ντοματοπολτός**
- **1 κουταλιά μαϊντανός ψιλοκομμένος**
- **1 ασπράδι αυγού ελαφρά χτυπημένο**
- **2 κουταλιές πικάντικο τυρί τριμμένο**
- **1 κουταλιά σαμπάλ οελέκ**

Κόψτε τα κολοκυθάκια στη μέση κατά μήκος και αφαιρέστε τη σάρκα τους με κουτάλι. Ψιλοκόψτε τη σάρκα από τα κολοκυθάκια και ανακατώστε τη με το ρύζι, τον ντοματοπολτό, το μαϊντανό, το ασπράδι, το τυρί και το σαμπάλ οελέκ. Γεμίστε τα κολοκυθάκια με το μείγμα, τυλίξτε τα ένα ένα σε αλουμινόχαρτο και ψήστε τα.
Μερίδες 6.

**Κατάψυξη:** Όχι.

**Φούρνος μικροκυμάτων:** Ναι.

# ΨΩΜΙΑ

*Επάνω: Γεμιστό ψωμί. Κάτω: Ροτί με βασιλικό και κουκουνάρι.*

## ΡΟΤΙ ΜΕ ΒΑΣΙΛΙΚΟ ΚΑΙ ΚΟΥΚΟΥΝΑΡΙ

*Μπορείτε να προετοιμάσετε το ροτί αρκετές ώρες νωρίτερα και να το ψήσετε πριν σερβίρετε.*

- **1 φλιτζάνι ρεβυθάλευρο**
- **2 φλιτζάνια κοινό αλεύρι**
- **40 γρ. βούτυρο**
- **1/4 φλιτζανιού βασιλικός ψιλοκομμένος** • **1/4 φλιτζανιού κουκουνάρι**
- **1 φλιτζάνι περίπου νερό**
- **1/2 φλιτζάνι περίπου λάδι**

Κοσκινίστε τα αλεύρια σε μπολ και ζυμώστε με το βούτυρο. Ανακατώστε μέσα το βασιλικό και το κουκουνάρι. Ρίξτε τόσο νερό, όσο να κολλήσουν τα υλικά και ζυμώστε πάνω σε ελαφρά αλευρωμένη επιφάνεια ώσπου να γίνει μια ομοιόμορφη ζύμη. Σκεπάστε και βάλτε τη στο ψυγείο 30΄. Χωρίστε τη ζύμη σε 12 μέρη και ανοίξτε το καθένα πάνω σε ελαφρά αλευρωμένη επιφάνεια σε κύκλο 16 εκ.

Ζεστάνετε λίγο λάδι στην πλάκα του μπάρμπεκιου και ψήστε το ροτί ώσπου να ροδίσει και από τις δύο πλευρές. Στραγγίστε πάνω σε απορροφητικό χαρτί. Επαναλάβετε με τα υπόλοιπα ροτί.

Βγαίνουν 12 κομμάτια.

**Κατάψυξη:** Όχι.

**Φούρνος μικροκυμάτων:** Όχι.

## ΓΕΜΙΣΤΟ ΨΩΜΙ

*Μπορεί να προετοιμαστεί την προηγουμένη.*

- **1 μικρή μπαγκέτα ψωμί**

ΓΕΜΙΣΗ

- **1/2 φλιτζάνι μαύρες ελιές ψιλοκομμένες** • **125 γρ. σαλάμι ψιλοκομμένο**
- **56 γρ. κονσέρβα φιλέτα αντσούγιας πολτοποιημένα**
- **1/4 φλιτζανιού μαϊντανός ψιλοκομμένος** • **60 γρ. τυρί φέτα θρυμματισμένη**
- **2 πιπεριές Φλωρίνης κονσέρβα, ψιλοκομμένες**
- **60 γρ. τυρί κρέμα μαλακωμένο**

Κόψτε το ψωμί στη μέση κατά μήκος και αδειάστε το από την ψίχα. Δουλέψτε την ψίχα στο μπλέντερ να γίνει ψίχουλα και κρατήστε 1/2 φλιτζάνι ψίχουλα για τη γέμιση. Βάλτε τη γέμιση στα δύο κομμάτια του ψωμιού, κολλήστε τα μεταξύ τους και τυλίξτε το ψωμί σε αλουμινόχαρτο. Ψήστε το στη σχάρα ώσπου να ζεσταθεί καλά.

**Γέμιση:** Ανακατώστε καλά όλα τα υλικά μέσα σε μπολ.

**Κατάψυξη:** Ναι.

**Φούρνος μικροκυμάτων:** Ναι.

*Επάνω: Ψωμί με σκόρδο και ντομάτα. Κάτω: Καρβέλι με τυρί και κρεμμύδι.*

## ΨΩΜΙ ΜΕ ΣΚΟΡΔΟ ΚΑΙ ΝΤΟΜΑΤΑ

*Μπορεί να προετοιμαστεί την προηγουμένη.*

- **250 γρ. βούτυρο**
- **4 σκελίδες σκόρδο πολτοποιημένο**
- **$^1/_4$ φλιτζανιού ντοματοπολτός**
- **$^1/_2$ φλιτζάνι μαϊντανός ψιλοκομμένος**
- **$^1/_4$ φλιτζανιού παρμεζάνα τριμμένη**
- **1 κουταλιά ελαφριά σάλτσα σόγιας**
- **2 μεγάλα μπαστούνια ψωμί**

Χτυπήστε σε μικρό μπολ με το μίξερ το βούτυρο. Χτυπήστε μέσα το σκόρδο, τον ντοματοπολτό, το μαϊντανό, το τυρί και τη σάλτσα. Κόψτε τα ψωμιά σε φέτες αφήνοντάς τες ενωμένες κάτω. Αλείψτε τις φέτες με το μείγμα, τυλίξτε τα ψωμιά σε αλουμινόχαρτο και ψήστε τα στη σχάρα.

**Κατάψυξη:** Ναι.

**Φούρνος μικροκυμάτων:** Όχι.

## ΚΑΡΒΕΛΙ ΜΕ ΤΥΡΙ ΚΑΙ ΚΡΕΜΜΥΔΙ

*Καλύτερα να γίνει λίγο πριν σερβίρετε.*

- **125 γρ. βούτυρο**
- **40 γρ. σκόνη έτοιμης κρεμμυδόσουπας**
- **8 φέτες μπέικον ψιλοκομμένες**
- **$^1/_2$ φλιτζάνι μαϊντανός ψιλοκομμένος**
- **1 μεγάλο καρβέλι χωριάτικο ψωμί**
- **1 φλιτζάνι τυρί μοτσαρέλα τριμμένο**
- **$^1/_4$ φλιτζανιού παρμεζάνα τριμμένη**

Χτυπήστε σε μικρό μπολ με το μίξερ το βούτυρο ώσπου να φουσκώσει και ανακατώστε μέσα τη σκόνη σούπας και το μαϊντανό. Τηγανίστε το μπέικον ώσπου να ξεροψηθεί. Στραγγίστε πάνω σε απορροφητικό χαρτί. Κόψτε το ψωμί σε φέτες 2 εκ. αφήνοντάς τες ενωμένες στο κάτω μέρος. Αλείψτε με βούτυρο και πασπαλίστε τις φέτες και την επάνω επιφάνεια του ψωμιού με το μπέικον και τα τυριά. Ψήστε σε μέτριο φούρνο περίπου 20΄.

**Κατάψυξη:** Ναι.

**Φούρνος μικροκυμάτων:** Όχι.

*Επάνω: Ψωμί με σουσάμι. Κάτω: Καυτερό καλαμποκόψωμο.*

## ΨΩΜΙ ΜΕ ΣΟΥΣΑΜΙ

*Καλύτερα να γίνει λίγο πριν σερβίρετε.*

- **30 γρ. μαγιά μπίρας • 1 αυγό**
- **1 κουταλάκι ζάχαρη**
- **1/2 φλιτζάνι ζεστό νερό**
- **3 1/2 φλιτζάνια κοινό αλεύρι**
- **2 κουταλάκια ζάχαρη επιπλέον**
- **1 κουταλιά σουσάμι ψημένο**
- **1 κουταλάκι ξύσμα λεμονιού**
- **1/4 φλιτζανιού νερό επιπλέον**
- **1/3 φλιτζανιού ταχίνι**
- **60 γρ. βούτυρο λιωμένο**
- **2 κουταλάκια αλάτι**
- **1/2 φλιτζάνι ταχίνι επιπλέον**
- **2 κουταλιές σουσάμι επιπλέον**

Ανακατώστε μαγιά, ζάχαρη, ζεστό νερό και 1/2 φλιτζάνι αλεύρι. Σκεπάστε και αφήστε τα σε ζεστό μέρος περίπου 10′ να αφρίσουν. Κοσκινίστε το υπόλοιπο αλεύρι με την επιπλέον ζάχαρη, ρίξτε μαγιά, σουσάμι, ξύσμα, επιπλέον νερό, ταχίνι, βούτυρο, αλάτι και αυγό. Ζυμώστε περίπου 7′. Βάλτε τη ζύμη σε λαδωμένο μεγάλο μπολ, σκεπάστε και αφήστε σε ζεστό μέρος περίπου 45′ να διπλασιαστεί. Ζυμώστε την ξανά. Χωρίστε 10 μέρη και πλάστε τα σε μπάλες. Σκεπάστε και αφήστε τα 5′. Ανοίξτε τις μπάλες σε κύκλους περίπου 15 εκ. Αλείψτε με το επιπλέον ταχίνι, πασπαλίστε με το επιπλέον σουσάμι, βάλτε τους σε ελαφρά λαδωμένα ταψιά και αφήστε τους 5′. Ψήστε σε μέτρια δυνατό φούρνο περίπου 12′.

Βγαίνουν 10 κομμάτια.

**Κατάψυξη:** Ναι.

**Φούρνος μικροκυμάτων:** Όχι.

## ΚΑΥΤΕΡΟ ΚΑΛΑΜΠΟΚΟΨΩΜΟ

*Μπορεί να γίνει την προηγουμένη.*

- **3/4 φλιτζανιού αλεύρι που φουσκώνει**
- **1 φλιτζάνι καλαμποκάλευρο**
- **1 κουταλάκι κύμινο αλεσμένο**
- **1/2 κουταλάκι κόκκινο πιπέρι**
- **1/3 φλιτζανιού πιπεριές Φλωρίνης κονσέρβα, ψιλοκομμένες**
- **1/4 φλιτζανιού μαϊντανός ψιλοκομμένος • 2 κουταλιές ζάχαρη**
- **1 φλιτζάνι γιαούρτι**
- **1 αυγό ελαφρά χτυπημένο**
- **1/4 φλιτζανιού λάδι**

Λαδώστε μια βαθιά φόρμα 14x21 εκ. Ανακατώστε το αλεύρι κοσκινισμένο,το καλαμποκάλευρο, τη ζάχαρη, το κύμινο και το πιπέρι. Ρίξτε μέσα πιπεριές, μαϊντανό, γιαούρτι, αυγό και λάδι. Βάλτε το μείγμα στη φόρμα και ψήστε σε μέτριο φούρνο περίπου 40′. Αφήστε το 5′ και βγάλτε το.

**Κατάψυξη:** Ναι.

**Φούρνος μικροκυμάτων:** Όχι.

## ΨΩΜΑΚΙΑ ΜΕ ΚΑΡΟΤΟ

*Μπορεί να γίνει την προηγουμένη.*

- **30 γρ. μαγιά μπίρας**
- **2 κουταλάκια ζάχαρη**
- **1 $^1/_2$ φλιτζάνι χλιαρό γάλα**
- **3 φλιτζάνια κοινό αλεύρι**
- **2 φλιτζάνια αλεύρι ολικής αλέσεως**
- **80 γρ. βούτυρο λιωμένο**
- **1 φλιτζάνι καρότο τριμμένο**
- **2 κουταλάκια σπόροι κύμινου**
- **2 κουταλάκια χοντρό αλάτι**

Ανακατώστε σε μπολ μαγιά, ζάχαρη και γάλα. Σκεπάστε και αφήστε το μείγμα σε ζεστό μέρος περίπου 10′ ώσπου να αφρίσει. Κοσκινίστε σε άλλο μπολ τα αλεύρια, κάντε ένα κοίλωμα στη μέση, ρίξτε τη μαγιά, το βούτυρο και το καρότο. Ζυμώστε καλά. Βγάλτε τη ζύμη και ζυμώστε πάνω σε ελαφρά αλευρωμένη επιφάνεια περίπου 5′. Βάλτε τη ζύμη σε λαδωμένο μεγάλο μπολ, σκεπάστε και αφήστε τη σε ζεστό μέρος περίπου 45′ ώσπου να φουσκώσει. Ζυμώστε την ξανά επάνω σε ελαφρά αλευρωμένη επιφάνεια.
Χωρίστε τη ζύμη σε 16 μέρη και ζυμώστε τα σε μπάλες. Βάλτε τες σε ελαφρά λαδωμένα ταψιά σε αποστάσεις 1 εκ. σκεπάστε και αφήστε τις σε ζεστό μέρος περίπου 20′ να φουσκώσουν.
Αλείψτε με λίγο επιπλέον γάλα και πασπαλίστε με κύμινο και αλάτι. Ψήστε σε μέτρια δυνατό φούρνο περίπου 20′.
Βγαίνουν 16 κομμάτια.

**Κατάψυξη:** Ναι, τα ψωμάκια άψητα.

**Φούρνος μικροκυμάτων:** Όχι.

## ΨΩΜΙ ΜΕ ΠΑΤΑΤΑ ΚΑΙ ΚΡΕΜΜΥΔΙ

*Καλύτερα να γίνει λίγο πριν σερβίρετε.*

- **1 κρεμμύδι ψιλοκομμένο**
- **1 κουταλιά σκορδόπρασο ψιλοκομμένο • $^1/_2$ φλιτζάνι πατατάλευρο**
- **1 $^1/_2$ φλιτζάνι πατάτα βρασμένη, πολτοποιημένη • 1 κουταλιά λάδι**
- **$^1/_2$ φλιτζάνι γάλα • 125 γρ. βούτυρο**
- **2 $^1/_2$ φλιτζάνια αλεύρι που φουσκώνει**
- **1 κουταλάκι σπόροι κύμινου**
- **1 αυγό ελαφρά χτυπημένο**
- **40 γρ. βούτυρο επιπλέον, λιωμένο**

Σωτάρετε το κρεμμύδι με το λάδι ώσπου να μαλακώσει και αφήστε να κρυώσει. Ανακατώστε μέσα το σκορδόπρασο. Χτυπήστε σε μπολ με το μίξερ την πατάτα με το γάλα. Κοσκινίστε τα αλεύρια σε άλλο μπολ, ζυμώστε με το βούτυρο και ανακατώστε μέσα το κρεμμύδι. Ρίξτε την πατάτα, το κύμινο και το αυγό και ζυμώστε σε μαλακή ζύμη.

Ζυμώστε πάνω σε ελαφρά αλευρωμένη επιφάνεια ώσπου να γίνει η ζύμη ομοιόμορφη, πλάστε τη σε κύκλο 20 εκ. και βάλτε τη σε ταψί. Κόψτε το καρβέλι σε 8 τριγωνικά κομμάτια, αλείψτε με το επιπλέον βούτυρο και ψήστε σε μέτριο φούρνο περίπου 30΄ ώσπου να ροδίσει και να ψηθεί μέχρι μέσα.
Κομμάτια 8.

**Κατάψυξη:** Ναι.

**Φούρνος μικροκυμάτων:** Όχι.

## ΨΩΜΙ ΜΕ ΠΙΠΕΡΙΕΣ

*Να γίνει τη μέρα που θα σερβίρετε.*

**• 2 φακελάκια των 7 γρ. ξερή μαγιά**
**• 3 φλιτζάνια αλεύρι**
**• 1 κουταλάκι αλάτι**
**• 1/4 φλιτζανιού κόκκινη πιπεριά ψιλοκομμένη • 1 φλιτζάνι ζεστό νερό**
**• 1/4 φλιτζανιού πράσινη πιπεριά ψιλοκομμένη • 1 κουταλάκι ζάχαρη**
**• 1 κουταλιά πράσινα πιπέρια κονσέρβα πλυμένα • 1 κουταλιά λάδι**

Λαδώστε μια βαθιά φόρμα 15x25 εκ. Ανακατώστε σε μπολ μαγιά, ζάχαρη και ζεστό νερό. Σκεπάστε και αφήστε το μείγμα σε ζεστό μέρος περίπου 10΄ ώσπου να αφρίσει. Κοσκινίστε σε άλλο μπολ το αλεύρι με το αλάτι και ανακατώστε μέσα τις πιπεριές και τα πιπέρια. Κάντε ένα κοίλωμα στη μέση, ρίξτε τη μαγιά και το λάδι. Ζυμώστε καλά σε σφιχτή ζύμη.
Βγάλτε τη ζύμη και ζυμώστε πάνω σε ελαφρά αλευρωμένη επιφάνεια περίπου 7΄ ώσπου να γίνει ομοιόμορφη και ελαστική. Βάλτε τη ζύμη σε λαδωμένο μεγάλο μπολ, σκεπάστε και αφήστε σε ζεστό μέρος περίπου 45΄ ώσπου να φουσκώσει και να διπλασιαστεί. Ζυμώστε την ξανά επάνω σε ελαφρά αλευρωμένη επιφάνεια.
Χωρίστε τη ζύμη σε 3 μέρη και πλάστε το καθένα σε κορδόνι. Πλέξτε τα κορδόνια σε πλεξίδα, κολλήστε τις άκρες της και βάλτε τη στη φόρμα. Αφήστε την ξεσκέπαστη σε ζεστό μέρος περίπου 30΄ ώσπου να ανέβει μέχρι τα χείλη της φόρμας. Αλείψτε τη με λίγο επιπλέον γάλα και ψήστε σε μέτριο φούρνο περίπου 45΄ ώσπου να ακούγεται κούφια, αν χτυπήσετε τη βάση της.

**Κατάψυξη:** Ναι.

**Φούρνος μικροκυμάτων:** Όχι.

*Επάνω αριστερά: Ψωμί με πατάτα και κρεμμύδι.*
*Επάνω δεξιά: Ψωμάκια με καρότο.*
*Κάτω: Ψωμί με πιπεριές.*

# ΒΟΥΤΥΡΑ

## ΒΟΥΤΥΡΟ ΜΕ ΜΥΡΩΔΙΚΑ

*Είναι κατάλληλο για τα περισσότερα κρέατα, τα θαλασσινά και τα πουλερικά. Μπορεί να γίνει 1 εβδομάδα νωρίτερα.*

- **250 γρ. βούτυρο μαλακωμένο**
- **2 κουταλιές νεροκάρδαμο ψιλοκομμένο**
- **1 κουταλιά μαϊντανός ψιλοκομμένος**
- **1 κουταλιά σκορδόπρασο ψιλοκομμένο**
- **2 κουταλάκια φρέσκο εστραγκόν ψιλοκομμένο**
- **1 σκελίδα σκόρδο πολτοποιημένο**
- **1/4 κουταλάκι μαύρο πιπέρι**

Ανακατώστε καλά όλα τα υλικά μέσα σε μπολ, βάλτε το μείγμα σε αλουμινόχαρτο, τυλίξτε σφιχτά και δώστε του σχήμα τριγωνικό. Βάλτε το στο ψυγείο να σφίξει.

**Κατάψυξη:** Ναι.

## ΒΟΥΤΥΡΟ ΜΕ ΠΑΠΡΙΚΑ

*Κατάλληλο για τα περισσότερα κρέατα και πουλερικά. Μπορεί να γίνει 1 εβδομάδα νωρίτερα.*

- **250 γρ. βούτυρο μαλακωμένο**
- **1 κουταλιά πάπρικα**
- **1 κουταλιά ντοματοπολτός**

Ανακατώστε καλά όλα τα υλικά μέσα σε μπολ, βάλτε το μείγμα σε αλουμινόχαρτο, τυλίξτε σφιχτά και δώστε του κυλινδρικό σχήμα. Βάλτε το στο ψυγείο να σφίξει.

**Κατάψυξη:** Ναι.

## ΒΟΥΤΥΡΟ ΜΕ ΠΡΑΣΙΝΟ ΛΕΜΟΝΙ

*Είναι κατάλληλο για θαλασσινά και πουλερικά. Μπορεί να γίνει 1 εβδομάδα νωρίτερα.*

- **250 γρ. βούτυρο μαλακωμένο**
- **2 κουταλάκια ξύσμα πράσινου λεμονιού**
- **1 1/2 κουταλιά χυμός πράσινου λεμονιού**
- **1 κουταλάκι άνηθος ψιλοκομμένος**
- **1/2 κουταλάκι φρέσκο τζίντζερ τριμμένο**

Χτυπήστε το βούτυρο σε μπολ με το μίξερ ώσπου να ασπρίσει και ανακατώστε μέσα τα υπόλοιπα υλικά. Βάλτε το σε αλουμινόχαρτο, τυλίξτε σφιχτά και δώστε του ορθογώνιο σχήμα. Βάλτε το στο ψυγείο να σφίξει.

**Κατάψυξη:** Ναι.

## ΒΟΥΤΥΡΟ ΜΕ ΡΕΠΑΝΙ

*Είναι κατάλληλο για βοδινό ή αρνί. Μπορεί να γίνει 1 εβδομάδα νωρίτερα.*

- **250 γρ. βούτυρο μαλακωμένο**
- **1 κουταλιά κρέμα ρεπανιού**
- **1 κουταλάκι αγγλική μουστάρδα**

Ανακατώστε καλά όλα τα υλικά μέσα σε μπολ, βάλτε το μείγμα σε σακούλα ζαχαροπλαστικής με στόμιο αστεράκι και βγάλτε αστεράκια πάνω σε δίσκο σκεπασμένο με αλουμινόχαρτο. Βάλτε το στο ψυγείο να σφίξει.

**Κατάψυξη:** Ναι.

*Επάνω, από τα αριστερά: Βούτυρο με πάπρικα. Βούτυρο με πράσινο λεμόνι. Βούτυρο με μυρωδικά. Βούτυρο με ρεπάνι.*

# ΜΑΡΙΝΑΤΕΣ

## ΜΑΡΙΝΑΤΑ ΤΗΣ ΑΝΑΤΟΛΗΣ

*Η μαρινάτα είναι κατάλληλη για πουλερικά και κρέας. Μαρινάρετε αρκετές ώρες ή μια ολόκληρη νύχτα. Αλείφετε με τη μαρινάτα όση ώρα ψήνετε. Μπορεί να γίνει την προηγουμένη.*

- **2 κουταλιές ελαφριά σάλτσα σόγιας**
- **2 κουταλιές σάλτσα δαμάσκηνο**
- **2 κουταλιές λάδι**
- **1 κουταλιά σάλτσα στρειδιού**
- **1 κουταλιά φρέσκος κολίανδρος ψιλοκομμένος**
- **1 κουταλάκι φρέσκο τζίντζερ τριμμένο**
- **2 σκελίδες σκόρδο πολτοποιημένο**
- **1 μικρή κόκκινη καυτερή πιπεριά ψιλοκομμένη**
- **$^{1}/_{4}$ κουταλάκι σουσαμέλαιο**
- **$^{1}/_{2}$ κουταλάκι μείγμα 5 μπαχαρικών**

Ανακατώστε καλά όλα τα υλικά μέσα σε μπολ.
Βγαίνει περίπου 3/4 φλιτζανιού.

**Κατάψυξη:** Όχι.

## ΜΑΡΙΝΑΤΑ ΑΣΠΡΟΥ ΚΡΑΣΙΟΥ ΜΕ ΜΕΛΙ

*Η μαρινάτα είναι κατάλληλη για αρνί και χοιρινό. Μαρινάρετε αρκετές ώρες ή μια ολόκληρη νύχτα. Αλείφετε με τη μαρινάτα όση ώρα ψήνετε. Μπορεί να γίνει την προηγουμένη.*

- **$^{3}/_{4}$ φλιτζανιού ξερό άσπρο κρασί**
- **$^{1}/_{4}$ φλιτζανιού μέλι**
- **$^{1}/_{4}$ φλιτζανιού ελαιόλαδο**
- **2 σκελίδες σκόρδο πολτοποιημένο**
- **1 κουταλιά πράσινα πιπέρια κονσέρβα στραγγισμένα**
- **4 δαφνόφυλλα**
- **1 κουταλάκι σπόροι κολίανδρου τσακισμένοι**
- **2 κουταλιές μαϊντανός ψιλοκομμένος**
- **1 κουταλάκι ξερό θυμάρι**

Ανακατώστε καλά όλα τα υλικά μέσα σε μπολ.
Βγαίνει περίπου 1 $^{1}/_{2}$ φλιτζάνι.

**Κατάψυξη:** Όχι.

## ΜΑΡΙΝΑΤΑ ΛΕΜΟΝΙΟΥ ΜΕ ΜΥΡΩΔΙΚΑ

*Η μαρινάτα είναι κατάλληλη για πουλερικά και ψάρια. Μαρινάρετε αρκετές ώρες ή μια ολόκληρη νύχτα. Αλείφετε με τη μαρινάτα όση ώρα ψήνετε. Μπορεί να γίνει την προηγουμένη.*

- **$^{1}/_{2}$ φλιτζάνι ελαιόλαδο**
- **$^{1}/_{2}$ φλιτζάνι ξερό άσπρο κρασί**
- **$^{1}/_{2}$ φλιτζάνι χυμός λεμονιού**
- **3 φρέσκα κρεμμυδάκια ψιλοκομμένα**
- **1 μικρό καρότο ψιλοκομμένο**
- **1 κουταλιά μαϊντανός ψιλοκομμένος**
- **1 κουταλιά άνηθος ψιλοκομμένος**
- **1 κουταλιά φρέσκο δενδρολίβανο ψιλοκομμένο**
- **2 κουταλάκια φρέσκο θυμάρι ψιλοκομμένο**
- **1 κουταλάκι μαύρο πιπέρι**

Ανακατώστε καλά όλα τα υλικά μέσα σε μπολ.
Βγαίνει περίπου 1 $^{3}/_{4}$ φλιτζάνια.

**Κατάψυξη:** Όχι.

## ΜΑΡΙΝΑΤΑ ΚΟΚΚΙΝΟΥ ΚΡΑΣΙΟΥ

*Η μαρινάτα είναι κατάλληλη για μοσχάρι. Μαρινάρετε αρκετές ώρες ή μια ολόκληρη νύχτα. Αλείφετε με τη μαρινάτα όση ώρα ψήνετε. Μπορεί να γίνει την προηγουμένη.*

- **$^{1}/_{4}$ φλιτζανιού ξερό κόκκινο κρασί**
- **$^{1}/_{4}$ φλιτζανιού ελαιόλαδο**
- **1 σκελίδα σκόρδο πολτοποιημένο**
- **2 κουταλάκια φρέσκο θυμάρι ψιλοκομμένο**

Ανακατώστε καλά όλα τα υλικά μέσα σε μπολ.
Βγαίνει περίπου $^{1}/_{2}$ φλιτζάνι.

**Κατάψυξη:** Όχι.

*Από τα αριστερά: Μαρινάτα λεμονιού με μυρωδικά. Μαρινάτα άσπρου κρασιού με μέλι. Μαρινάτα της ανατολής. Μαρινάτα κόκκινου κρασιού.*

# ΜΟΥΣΤΑΡΔΕΣ

## ΜΟΥΣΤΑΡΔΑ ΜΕ ΣΥΚΟ ΚΑΙ ΠΟΡΤΟ

*Μπορεί να γίνει 1 εβδομάδα νωρίτερα.*

- **250 γρ. ξερά σύκα ψιλοκομμένα**
- **$^1/_2$ φλιτζάνι κρασί πορτό**
- **$^1/_4$ φλιτζανιού άσπρος σιναπόσπορος**
- **2 κουταλιές ξύδι σαμπάνιας**

Βάλτε σε μπολ τα σύκα με το πορτό και αφήστε τα 1 ώρα. Πολτοποιήστε στο μπλέντερ σύκα, σιναπόσπορο και ξύδι. Φυλάξτε τη μουστάρδα σε βάζο.

Βγαίνουν περίπου 2 φλιτζάνια.

**Κατάψυξη:** Όχι.

## ΜΟΥΣΤΑΡΔΑ ΜΕ ΒΕΡΙΚΟΚΟ ΚΑΙ ΜΠΡΑΝΤΙ

*Μπορεί να γίνει 3 μέρες νωρίτερα.*

- **$^1/_2$ φλιτζάνι ξερά βερίκοκα**
- **$^1/_3$ φλιτζανιού νερό**
- **1 κουταλιά μπράντι**
- **2 κουταλάκια σκόνη μουστάρδας**

Μουσκέψτε τα βερίκοκα στο νερό 1 ώρα. Πολτοποιήστε στο μπλέντερ τα βερίκοκα μαζί με το νερό τους, το μπράντι και τη μουστάρδα.
Βγαίνει περίπου $^1/_2$ φλιτζάνι.

**Κατάψυξη:** Όχι.

## ΜΟΥΣΤΑΡΔΑ ΜΕ ΛΙΚΕΡ ΠΟΡΤΟΚΑΛΙ

*Μπορεί να γίνει 3 μέρες νωρίτερα.*

- **$^1/_2$ φλιτζάνι γαλλική μουστάρδα**
- **1 κουταλιά λικέρ Γκραν Μαρνιέ**
- **1 κουταλάκι ξύσμα πορτοκαλιού**

Ανακατώστε καλά όλα τα υλικά μέσα σε μπολ. Αφήστε τη μουστάρδα 2 ώρες πριν σερβίρετε.
Βγαίνει περίπου $^2/_3$ του φλιτζανιού.

**Κατάψυξη:** Όχι.

*Αριστερά: Μουστάρδα με σύκο και πορτό. Κέντρο: Μουστάρδα με βερίκοκο και μπράντι. Δεξιά: Μουστάρδα με λικέρ πορτοκάλι.*

# ΑΛΕΙΜΜΑΤΑ

## ΑΛΕΙΜΜΑ ΦΙΣΤΙΚΟΒΟΥΤΥΡΟΥ

*Κατάλληλο για μοσχάρι και κοτόπουλο. Μπορεί να γίνει την προηγουμένη.*

- **1/2 φλιτζάνι λείο φιστικοβούτυρο**
- **1/4 φλιτζανιού χυμός πράσινου λεμονιού**
- **1/3 φλιτζανιού κρέμα ινδοκάρυδου**
- **1/4 φλιτζανιού μέλι**
- **2 κουταλάκια σκόνη κάρυ**
- **2 κουταλάκια σκούρη σάλτσα σόγιας**
- **2 κουταλάκια κύμινο αλεσμένο**
- **1 μικρή κόκκινη καυτερή πιπεριά ψιλοκομμένη**

Ανακατώστε καλά όλα τα υλικά μέσα σε μπολ. Αλείφετε με το μείγμα το μοσχάρι ή το κοτόπουλο κατά τη διάρκεια του ψησίματος.
Βγαίνει περίπου 1 1/3 φλιτζάνι.

**Κατάψυξη:** Όχι.

## ΓΛΑΣΟ ΑΝΑΝΑ

*Κατάλληλο για χοιρινό ή μοσχάρι. Μπορεί να γίνει την προηγουμένη.*

- **1 φλιτζάνι χυμός ανανά**
- **2 κουταλιές μέλι**
- **1 κουταλιά ελαφριά σάλτσα σόγιας**
- **2 κουταλάκια φρέσκο τζίντζερ τριμμένο**

Ανακατώστε καλά όλα τα υλικά μέσα σε μπολ. Αλείψτε με το μείγμα το κρέας όσο ψήνεται.
Βγαίνει περίπου 1 1/4 φλιτζάνι.

**Κατάψυξη:** Όχι.

## ΑΛΕΙΜΜΑ ΡΟΔΑΚΙΝΟ ΜΕ ΤΖΙΝΤΖΕΡ

*Κατάλληλο για χοιρινό και αρνί. Μπορεί να γίνει την προηγουμένη.*

- **425 γρ. κονσέρβα ροδάκινο**
- **1/4 φλιτζανιού νερό**
- **2 κουταλάκια φρέσκο τζίντζερ τριμμένο**

Πολτοποιήστε στο μπλέντερ τα ροδάκινα με το σιρόπι τους, το νερό και το τζίντζερ. Αλείφετε με το μείγμα το κρέας όσο ψήνεται.
Βαίνουν περίπου 2 φλιτζάνια.

**Κατάψυξη:** Όχι.

## ΓΛΑΣΟ ΠΙΚΑΝΤΙΚΟ ΜΕ ΚΡΕΜΑ ΓΑΛΑΚΤΟΣ

*Πολύ κατάλληλο για πουλερικά. Μπορεί να γίνει την προηγουμένη.*

- **1 φλιτζάνι ξινή κρέμα γάλακτος**
- **1 κουταλιά φρέσκο τζίντζερ ψιλοκομμένο** • **2 κουταλιές μέλι**
- **1 σκελίδα σκόρδο πολτοποιημένο**
- **1 κουταλάκι κύμινο αλεσμένο**
- **1 κουταλάκι κολίανδρος αλεσμένος**
- **1/2 κουταλάκι κόκκινο πιπέρι**
- **1 κουταλάκι γκαράμ μασάλα**

Ανακατώστε καλά όλα τα υλικά μέσα σε μπολ. Αλείφετε με το μείγμα το κοτόπουλο όσο ψήνεται.
Βγαίνει περίπου 1 1/4 φλιτζάνι.

**Κατάψυξη:** Όχι.

*Επάνω: Άλειμμα φιστοκοβούτυρου.*
*Αριστερά: Άλειμμα ροδάκινο με τζίντζερ.*
*Δεξιά κάτω: Γλάσο ανανά.*

## ΓΛΑΣΟ ΤΖΙΝΤΖΕΡ ΜΕ ΣΑΚΕ

*Κατάλληλο για τα περισσότερα κρέατα και πουλερικά. Μπορεί να γίνει την προηγουμένη.*

- **1/2 φλιτζάνι μέλι • 2 κουταλιές σακέ**
- **2 κουταλιές σκούρη σάλτσα σόγιας**
- **2 κουταλιές σάλτσα γουόρστερσάιρ**
- **1 σκελίδα σκόρδο πολτοποιημένο**
- **1 κουταλιά φρέσκο τζίντζερ ψιλοκομμένο • 2 κουταλιές ζάχαρη**

Ανακατώστε καλά όλα τα υλικά μέσα σε μπολ. Αλείφετε με το μείγμα το κρέας όσο ψήνεται.
Βγαίνει περίπου 1 φλιτζάνι.

**Κατάψυξη:** Όχι.

## ΒΟΥΤΥΡΟ ΜΕ ΠΟΡΤΟΚΑΛΙ ΚΑΙ ΤΖΙΝΤΖΕΡ

*Κατάλληλο για πουλερικά και θαλασσινά. Μπορεί να γίνει την προηγουμένη.*

- **2 φρέσκα κρεμμυδάκια ψιλοκομμένα • 1/3 φλιτζανιού χυμός πορτοκαλιού**
- **1 κουταλάκι ξύσμα πορτοκαλιού**
- **1 κουταλάκι φρέσκο τζίντζερ τριμμένο • 60 γρ. βούτυρο**

Λιώστε το βούτυρο σε κατσαρόλι και ανακατώστε μέσα τα υπόλοιπα υλικά. Αλείφετε με το μείγμα το πουλερικό ή τα θαλασσινά όσο ψήνονται.
Βγαίνει περίπου 1/2 φλιτζάνι.

**Κατάψυξη:** Όχι.

*Επάνω: Γλάσο τζίντζερ με σακέ.*
*Κέντρο: Γλάσο πικάντικο με κρέμα γάλακτος.*
*Κάτω: Βούτυρο με πορτοκάλι και τζίντζερ.*

# ΣΑΛΤΣΕΣ

*Επάνω: Σάλτσα ντομάτα με δυόσμο. Κέντρο: Σάλτσα ινδοκάρυδου με λεμονόχορτο. Κάτω: Σάλτσα φρέσκιας ντομάτας.*

## ΣΑΛΤΣΑ ΝΤΟΜΑΤΑ ΜΕ ΔΥΟΣΜΟ

*Μπορεί να γίνει την προηγουμένη.*

**• 1/2 φλιτζάνι φρέσκος δυόσμος ψιλοκομμένος • 1 κρεμμύδι ψιλοκομμένο**
**• 2 σκελίδες σκόρδο πολτοποιημένο**
**• 1 μικρή κόκκινη καυτερή πιπεριά ψιλοκομμένη • 1 κουταλιά χυμός λεμονιού**
**• 1 κουταλάκι κύμινο αλεσμένο**
**• 1/4 φλιτζανιού φρέσκια ρίγανη ψιλοκομμένη • 825 γρ. κονσέρβα ντομάτα**

Πολτοποιήστε στο μπλέντερ όλα τα υλικά και ρίξτε το μείγμα σε κατσαρόλι. Αφήστε να πάρει βράση και σιγοβράστε περίπου 5′ ώσπου να πηχτώσει ελαφρά. Αφήστε να κρυώσει πριν σερβίρετε.
Βγαίνουν περίπου 2 φλιτζάνια.

**Κατάψυξη:** Όχι.

**Φούρνος μικροκυμάτων:** Όχι.

## ΣΑΛΤΣΑ ΙΝΔΟΚΑΡΥΔΟΥ ΜΕ ΛΕΜΟΝΟΧΟΡΤΟ

*Μπορεί να γίνει 2 ώρες νωρίτερα.*

**• 1 κουταλιά φρέσκο λεμονόχορτο ψιλοκομμένο • 1 κουταλιά λάδι**
**• 1 κουταλιά σάλτσα ψαριού**
**• 1 κουταλιά φρέσκο τζίντζερ τριμμένο • 1 σκελίδα σκόρδο πολτοποιημένο**

**• 1 μικρή κόκκινη καυτερή πιπεριά ψιλοκομμένη**
**• 1 1/4 φλιτζάνι κρέμα ινδοκάρυδου**
**• 1 κουταλιά φρέσκος κολίανδρος ψιλοκομμένος**

Ζεστάνετε το λάδι σε κατσαρόλι και σωτάρετε λεμονόχορτο, τζίντζερ, σκόρδο και καυτερό. Ανακατώστε μέσα την κρέμα ινδοκάρυδου, τη σάλτσα και τον κολίανδρο, αφήστε να πάρει βράση και σιγοβράστε 1′. Βγαίνει 1 1/3 φλιτζάνια.

**Κατάψυξη:** Όχι.

**Φούρνος μικροκυμάτων:** Όχι.

## ΣΑΛΤΣΑ ΦΡΕΣΚΙΑΣ ΝΤΟΜΑΤΑΣ

*Μπορεί να γίνει 1 εβδομάδα νωρίτερα.*

**• 1 κιλό ντομάτες ξεφλουδισμένες, ψιλοκομμένες • 1 φλιτζάνι νερό**
**• 1 κρεμμύδι ψιλοκομμένο**
**• 1 μήλο ξεφλουδισμένο, ψιλοκομμένο**
**• 1 ξυλάκι κανέλα**
**• 1/3 φλιτζανιού μαύρη ζάχαρη**
**• 1 κουταλιά μηλόξυδο**
**• 1 κουταλάκι πάπρικα**
**• 1/2 κουταλάκι μείγμα μπαχαρικών**
**• μια πρέζα πιπέρι καγιέν**

Ανακατώστε σε κατσαρόλα ντομάτες, νερό, κρεμμύδι, μήλο και κανέλα και σιγοβράστε ώσπου να πηχτώσει το μείγμα. Αφήστε να κρυώσει ελαφρά και βγάλτε την κανέλα. Πολτοποιήστε το μείγμα στο μπλέντερ, περάστε το από χοντρή σίτα και πετάξτε τους σπόρους. Ξαναβάλτε το σουρωμένο μείγμα στην κατσαρόλα, ανακατώστε μέσα τα υπόλοιπα υλικά και σιγοβράστε 10′. Αφήστε να κρυώσει το μείγμα και βάλτε το στο ψυγείο.
Βγαίνουν περίπου 2 φλιτζάνια.

**Κατάψυξη:** Όχι.

**Φούρνος μικροκυμάτων:** Όχι.

## ΣΑΛΤΣΑ ΜΑΝΙΤΑΡΙΑ ΜΕ ΕΣΤΡΑΓΚΟΝ

*Μπορεί να γίνει την προηγουμένη.*

- **40 γρ. βούτυρο**
- **250 γρ. μανιτάρια ψιλοκομμένα**
- **1 κουταλιά αλεύρι**
- **1 φλιτζάνι νερό**
- **1 κύβος ζωμός κότας θρυμματισμένος**
- **1 κουταλάκι γαλλική μουστάρδα**
- **2 κουταλιές φρέσκο εστραγκόν ψιλοκομμένο**
- **1/2 φλιτζάνι κρέμα γάλακτος**
- **1/4 φλιτζανιού μπράντι**

Ζεστάνετε το βούτυρο σε κατσαρόλα και σωτάρετε τα μανιτάρια ώσπου να εξατμιστεί όλο το υγρό τους και να μαλακώσουν. Ανακατώστε μέσα το αλεύρι και σωτάρετε 1΄. Ανακατώστε μέσα το νερό λίγο λίγο. Συνεχίστε να ανακατώνετε, ώσπου να βράσει και να δέσει το μείγμα. Ανακατώστε μέσα τον κύβο, τη μουστάρδα και το εστραγκόν και σιγοβράστε 5΄ ώσπου να πηχτώσει το μείγμα. Ανακατώστε μέσα την κρέμα γάλακτος και το μπράντι.
Βγαίνουν περίπου 2 φλιτζάνια.

**Κατάψυξη:** Όχι.

**Φούρνος μικροκυμάτων:** Όχι.

## ΚΑΥΤΕΡΗ ΣΑΛΤΣΑ ΜΕ ΦΡΕΣΚΑ ΚΡΕΜΜΥΔΑΚΙΑ

*Μπορεί να γίνει 1 εβδομάδα νωρίτερα.*

- **1 κουταλιά ελαιόλαδο**
- **4 φρέσκα κρεμμυδάκια ψιλοκομμένα**
- **2 σκελίδες σκόρδο πολτοποιημένο**
- **1/2 κουταλάκι τούρμερικ**
- **1 κουταλάκι κύμινο αλεσμένο**
- **2 μικρές κόκκινες καυτερές πιπεριές ψιλοκομμένες**
- **1 κουταλιά ελαφριά σάλτσα σόγιας**
- **1 κουταλιά μαύρη ζάχαρη**
- **1 φλιτζάνι νερό**
- **1 κουταλιά φρέσκος κολίανδρος ψιλοκομμένος**

Ζεστάνετε το λάδι σε κατσαρόλα και σωτάρετε τα φρέσκα κρεμμυδάκια με το σκόρδο ώσπου να μαλακώσουν τα κρεμμυδάκια. Προσθέστε τούρμερικ, κύμινο, καυτερά, σάλτσα, ζάχαρη, και νερό, αφήστε να πάρει βράση και σιγοβράστε ξεσκέπαστο το μείγμα 5΄. Πολτοποιήστε το μείγμα στο μπλέντερ και ανακατώστε μέσα τον κολίανδρο πριν σερβίρετε.
Βγαίνει περίπου 1 φλιτζάνι.

**Κατάψυξη:** Όχι.

**Φούρνος μικροκυμάτων:** Όχι.

## ΣΑΛΤΣΑ ΚΡΕΜΑΣ ΓΑΛΑΚΤΟΣ ΜΕ ΜΟΥΣΤΑΡΔΑ

*Μπορεί να γίνει την προηγουμένη.*

- **300 γρ. κρέμα γάλακτος**
- **$^{1}/_{4}$ φλιτζανιού ξερό άσπρο κρασί**
- **1 κουταλιά αγγλική μουστάρδα**

Ανακατώστε όλα τα υλικά σε κατσαρόλι και σιγοβράστε τα ανακατώνοντας κάθε τόσο, ώσπου να πηχτώσει η σάλτσα. Βγαίνει περίπου 1 $^{1}/_{2}$ φλιτζάνι.

**Κατάψυξη:** Όχι.

**Φούρνος μικροκυμάτων:** Όχι.

## ΣΑΛΤΣΑ ΜΠΑΡΜΠΕΚΙΟΥ

*Μπορεί να γίνει την προηγουμένη.*

- **30 γρ. βούτυρο**
- **1 μικρό κρεμμύδι ψιλοκομμένο**
- **1 σκελίδα σκόρδο πολτοποιημένο**
- **1 κουταλιά φρέσκο τζίντζερ τριμμένο**
- **2 κουταλιές κρασόξυδο**
- **$^{2}/_{3}$ φλιτζανιού νερό**
- **2 κουταλάκια γαλλική μουστάρδα**
- **1 κουταλιά μαύρη ζάχαρη**
- **1 κουταλιά ντοματοπολτός**
- **2 κουταλάκια ελαφριά σάλτσα σόγιας**

Ζεστάνετε το λάδι σε κατσαρόλι και σωτάρετε κρεμμύδι και σκόρδο ώσπου να μαλακώσει το κρεμμύδι. Ανακατώστε μέσα τζίντζερ, ξύδι, νερό, μουστάρδα, ζάχαρη ντοματοπολτό και σάλτσα, αφήστε να πάρει βράση το μείγμα και σιγοβράστε το ξεσκέπαστο ώσπου να πηχτώσει ελαφρά. Βγαίνει περίπου 1 φλιτζάνι.

**Κατάψυξη:** Όχι.

**Φούρνος μικροκυμάτων:** Όχι.

*Επάνω αριστερά: Σάλτσα κρέμας γάλακτος με μουστάρδα.*
*Επάνω δεξιά: Καυτερή σάλτσα με φρέσκα κρεμμυδάκια.*
*Κάτω αριστερά: Σάλτσα μανιτάρια με εστραγκόν.*
*Κάτω δεξιά: Σάλτσα μπάρμπεκιου.*

# ΕΠΙΔΟΡΠΙΑ

## ΤΗΓΑΝΙΤΕΣ ΚΑΙ ΣΑΛΤΣΑ ΜΠΑΤΕΡΣΚΟΤΣ ΜΕ ΦΙΣΤΙΚΙ

*Καλύτερα να γίνει λίγο πριν σερβίρετε.*

- **1 φλιτζάνι αλεύρι που φουσκώνει**
- **2 κουταλιές ζάχαρη**
- **$^1/_4$ κουταλάκι σόδα φαγητού**
- **1 κουταλάκι ξύσμα λεμονιού**
- **1 αυγό ελαφρά χτυπημένο**
- **$^1/_2$ φλιτζάνι γάλα**
- **$^1/_4$ φλιτζανιού ξινή κρέμα γάλακτος**
- **1 κουταλάκι χυμός λεμονιού**
- **20 γρ. βούτυρο λιωμένο**

ΣΑΛΤΣΑ ΜΠΑΤΕΡΣΚΟΤΣ

- **1 φλιτζάνι ανάλατα, άψητα φιστίκια ψιλοκομμένα • 100 γρ. βούτυρο**
- **$^2/_3$ φλιτζανιού μαύρη ζάχαρη πατημένη • $^1/_3$ φλιτζανιού σιρόπι τηγανίτας**
- **2 κουταλιές ξινή κρέμα γάλακτος**

Κοσκινίστε αλεύρι, ζάχαρη και σόδα. Ανακατώστε μεταξύ τους ξύσμα, αυγό, γάλα, κρέμα γάλακτος και χυμό λεμονιού. Ανακατώστε το μείγμα λίγο λίγο μέσα στο αλεύρι φτιάχνοντας ένα μαλακό χυλό. Ρίξτε μέσα το βούτυρο και αφήστε να σταθεί 10΄. Ρίξτε κουταλιές χυλό σε καυτή λαδωμένη πλάκα μπάρμπεκιου. Όταν εμφανιστούν φουσκάλες στην επιφάνεια, γυρίστε τις τηγανίτες και ροδίστε τες από την κάτω πλευρά. Σερβίρετε με τη σάλτσα.

**Σάλτσα μπάτερσκοτς με φιστίκι:** Λιώστε το βούτυρο, ανακατώστε μέσα τα φιστίκια και σωτάρετε να ροδίσουν. Ανακατώστε μέσα τη ζάχαρη και το σιρόπι. Συνεχίστε να ανακατώνετε να πηχτώσει το μείγμα. Κατεβάστε το από τη φωτιά και ρίξτε μέσα την κρέμα γάλακτος.
Μερίδες περίπου 8.

**Κατάψυξη:** Ναι, οι τηγανίτες.

**Φούρνος μικροκυμάτων:** Όχι.

## ΤΗΓΑΝΗΤΗ ΠΟΛΕΝΤΑ ΜΕ ΣΑΛΤΣΑ ΒΑΤΟΜΟΥΡΟ

Μπορεί να προετοιμαστεί την προηγουμένη.

- **2 λίτρα νερό (8 φλιτζάνια)**
- **$^3/_4$ φλιτζανιού ζάχαρη**
- **2 φλιτζάνια καλαμποκάλευρο**

ΣΑΛΤΣΑ ΒΑΤΟΜΟΥΡΟ

- **250 γρ. βατόμουρα φρέσκα ή κατεψυγμένα • 1 κουταλιά ζάχαρη άχνη**
- **1 κουταλιά χυμός πορτοκαλιού**

Ανακατώστε νερό και ζάχαρη και ρίξτε μέσα λίγο λίγο το καλαμποκάλευρο. Αφήστε να πάρει βράση και σιγοβράστε το μείγμα ξεσκέπαστο περίπου 30΄ ανακατώνοντας κάθε τόσο να πηχτώσει πολύ. Απλώστε το μείγμα σε λαδωμένη λαμαρίνα 20x30 εκ. και αφήστε να κρυώσει. Βγάλτε την πολέντα από τη φόρμα και κόψτε τη σε ρόμβους. Ψήστε την πάνω σε καυτή λαδωμένη πλάκα μπάρμπεκιου να ροδίσει καλά και από τις δύο πλευρές. Σερβίρετε με τη σάλτσα βατόμουρο.

**Σάλτσα βατόμουρο:** Πολτοποιήστε βατόμουρα, ζάχαρη και χυμό και σουρώστε.
Μερίδες 6.

**Κατάψυξη:** Όχι.

**Φούρνος μικροκυμάτων:** Όχι.

## ΛΙΤΣΙ ΣΟΥΒΛΑΚΙ ΜΕ ΔΥΟΣΜΟ ΚΑΙ ΤΖΙΝΤΖΕΡ

*Μπορεί να προετοιμαστεί 3 ώρες νωρίτερα.*

- **565 γρ. κονσέρβα λίτσι**
- **$^1/_2$ φλιτζάνι τζίντζερ γλασέ ψιλοκομμένο • 24 φύλλα φρέσκος δυόσμος**
- **$^1/_2$ φλιτζάνι φρέσκος δυόσμος ψιλοκομμένος**

*Αριστερά: Τηγανίτες και σάλτσα μπάτερσκοτς με φιστίκια. Δεξιά: Τηγανητή πολέντα με σάλτσα βατόμουρο.*

*Επάνω: Μήλο με κρέμα φουντουκιού. Κάτω: Λίτσι σουβλάκι με δυόσμο και τζίντζερ.*

- **½ φλιτζάνι πράσινο κρασί τζίντζερ**
- **6 πάσιον φρουτ**
- **2 κουταλάκια κορνφλάουρ**

Στραγγίστε τα λίτσι και κρατήστε το σιρόπι. Βάλτε μέσα σε κάθε λίτσι ένα κομματάκι τζίντζερ και περάστε τα λίτσι σε καλαμάκια εναλλάξ με τα φύλλα δυόσμου. Ανακατώστε τον ψιλοκομμένο δυόσμο με το κρασί και τον πολτό του πάσιον φρουτ, περιχύστε τα σουβλάκια και βάλτε τα στο ψυγείο αρκετές ώρες. Στραγγίστε τα σουβλάκια και ψήστε τα στη σχάρα. Ζεστάνετε το σιρόπι που κρατήσατε. Ανακατώστε το κορνφλάουρ με το υγρό των πάσιον φρουτ, ανακατώστε το μείγμα στο κατσαρόλι και βράστε. Σερβίρετε με τα σουβλάκια.

Κομμάτια 12.

**Κατάψυξη:** Όχι.

**Φούρνος μικροκυμάτων:** Όχι.

## ΜΗΛΟ ΜΕ ΚΡΕΜΑ ΦΟΥΝΤΟΥΚΙΟΥ

*Καλύτερα να γίνει λίγο πριν σερβίρετε.*

- **4 μήλα** • **125 γρ. ανάλατο βούτυρο**
- **¾ φλιτζανιού μαύρη ζάχαρη πατημένη** • **1 κουταλάκι κάρδαμο αλεσμένο**
- **2 κουταλάκια κανέλα αλεσμένη**

ΚΡΕΜΑ ΦΟΥΝΤΟΥΚΙΟΥ

- **300 γρ. πηχτή κρέμα γάλακτος**
- **2 κουταλιές λικέρ Τία Μαρία**
- **½ φλιτζάνι φουντούκι αλεσμένο**

Ξεφλουδίστε τα μήλα και αφαιρέστε την καρδιά τους με το ειδικό εργαλείο. Κόψτε τα σε χοντρές φέτες. Ζεστάνετε σε τηγάνι πάνω στο μπάρμπεκιου το βούτυρο με τη ζάχαρη, το κάρδαμο και την κανέλα. Ρίξτε μέσα το μήλο και τηγανίστε το. Σερβίρετε με την κρέμα φουντουκιού.

**Κρέμα φουντουκιού:** Χτυπήστε την κρέμα γάλακτος και ανακατώστε μέσα το λικέρ και το φουντούκι.

Μερίδες 6.

**Κατάψυξη:** Όχι.

**Φούρνος μικροκυμάτων:** Ναι.

## ΑΝΑΝΑΣ ΜΑΡΙΝΑΤΟΣ ΜΕ ΤΖΙΝΤΖΕΡ

*Μπορεί να προετοιμαστεί την προηγουμένη.*

- **1 ανανάς κομμένος σε φέτες**
- **1 φλιτζάνι πράσινο κρασί τζίντζερ**
- **2 κουταλάκια μοσχοκάρυδο αλεσμένο**
- **1 κουταλάκι κανέλα αλεσμένη**

Βάλτε τον ανανά σε ρηχό σκεύος, περιχύστε με το κρασί ανακατωμένο με τα μπαχαρικά και βάλτε τα στο ψυγείο αρκετές ώρες ή ολόκληρη τη νύχτα.
Ψήστε τον ανανά πάνω σε καυτή λαδωμένη πλάκα μπάρμπεκιου ώσπου να ροδίσει. Μερίδες περίπου 6.

**Κατάψυξη:** Όχι.

**Φούρνος μικροκυμάτων:** Όχι.

## ΤΗΓΑΝΙΤΕΣ ΣΥΚΟΥ ΜΕ ΣΙΡΟΠΙ ΚΑΙ ΚΡΕΜΑ ΓΑΛΑΚΤΟΣ

*Ο χυλός μπορεί να γίνει 3 ώρες νωρίτερα.*

- **200 γρ. ξερά σύκα ψιλοκομμένα**
- **1 κουταλάκι ξύσμα πορτοκαλιού**
- **1/3 φλιτζανιού χυμός πορτοκαλιού**
- **1 φλιτζάνι αλεύρι που φουσκώνει**
- **2 αυγά ελαφρά χτυπημένα**
- **1/2 φλιτζάνι γάλα**
- **200 γρ. γιαούρτι**
- **1/4 φλιτζανιού μαύρη ζάχαρη**

ΚΡΕΜΑ ΓΑΛΑΚΤΟΣ ΜΕ ΣΙΡΟΠΙ

- **1/2 φλιτζάνι σιρόπι τηγανίτας**
- **1 κουταλιά κρέμα γάλακτος**

Ανακατώστε σε μπολ σύκα, ξύσμα και χυμό και αφήστε τα 1 ώρα.
Κοσκινίστε το αλεύρι σε μπολ. Ανακατώστε μεταξύ τους αυγά, γάλα, γιαούρτι και ζάχαρη. Ανακατώστε το μείγμα λίγο λίγο μέσα στο αλεύρι ώσπου να γίνει μαλακός χυλός. Ανακατώστε μέσα τα σύκα και αφήστε τα 30'. Ρίξτε 2-3 κουταλιές χυλό πάνω σε καυτή λαδωμένη πλάκα μπάρμπεκιου. Ροδίστε την τηγανίτα, γυρίστε την και ροδίστε και από την άλλη πλευρά. Επαναλάβετε με τον υπόλοιπο χυλό. Σερβίρετε τις τηγανίτες με το σιρόπι.

**Σιρόπι με κρέμα γάλακτος:** Ανακατώστε σε μπολ το σιρόπι με την κρέμα γάλακτος. Μερίδες 4-6.

**Κατάψυξη:** Όχι.

**Φούρνος μικροκυμάτων:** Όχι.

## ΜΠΑΝΑΝΕΣ ΚΑΡΑΜΕΛΕ

*Καλύτερα να γίνει λίγο πριν σερβίρετε.*

- **8 μπανάνες**
- **1/3 φλιτζανιού χυμός λεμονιού**

*Αριστερά επάνω: Τηγανίτες σύκου με σιρόπι και κρέμα γάλακτος. Κάτω δεξιά: Ανανάς μαρινάτος με τζίντζερ.*

*Επάνω: Πακέτο μπανάνα με μαρσμέλοου. Δεξιά: Μπανάνες καραμελέ. Κάτω: Ροδάκινα γεμιστά με ρυζόγαλο.*

- **½ φλιτζάνι λικέρ Μαλιμπού**
- **½ φλιτζάνι μαύρη ζάχαρη**
- **½ κουταλάκι κανέλα αλεσμένη**
- **60 γρ. βούτυρο λιωμένο**

Βάλτε κάθε μπανάνα πάνω σ' ένα κομμάτι αλουμινόχαρτο. Ανακατώστε χυμό, λικέρ, ζάχαρη, κανέλα και βούτυρο και περιχύστε τις μπανάνες. Κλείστε καλά το αλουμινόχαρτο και ψήστε τις μπανάνες στη σχάρα ώσπου να μαλακώσουν και το υγρό να γίνει καραμέλα.

Μερίδες 8

**Κατάψυξη:** Όχι.

**Φούρνος μικροκυμάτων:** Ναι.

## ΠΑΚΕΤΟ ΜΠΑΝΑΝΑ ΜΕ ΜΑΡΣΜΕΛΟΟΥ

*Καλύτερα να γίνει λίγο πριν σερβίρετε.*

- **6 μπανάνες κομμένες σε φέτες**
- **100 γρ. άσπρα μαρσμέλοου χοντροκομμένα**
- **½ φλιτζάνι σιρόπι καραμέλας**
- **2 κουταλιές χυμός πορτοκαλιού**
- **¼ φλιτζανιού σταγόνες σοκολάτας**
- **½ φλιτζάνι αμυγδαλόφετα ψημένη**

Ανακατώστε σε μπολ μπανάνες, μαρσμέλοου, σιρόπι και χυμό. Μοιράστε το μείγμα σε 4 κομμάτια αλουμινόχαρτο και τυλίξτε το καλά. Ψήστε τα πακέτα στη σχάρα ώσπου να ζεσταθούν καλά. Ξετυλίξτε και πασπαλίστε με τη σοκολάτα και την αμυγδαλόφετα.

Μερίδες 4.

**Κατάψυξη:** Όχι.

**Φούρνος μικροκυμάτων:** Ναι.

## ΡΟΔΑΚΙΝΑ ΓΕΜΙΣΤΑ ΜΕ ΡΥΖΟΓΑΛΟ

- **½ φλιτζάνι ρύζι καρολίνα**
- **1 λίτρο (4 φλιτζάνια) γάλα**
- **1 κουταλάκι βανίλια**
- **1 κουταλιά φρέσκος δυόσμος ψιλοκομμένος** • **½ φλιτζάνι ζάχαρη**
- **825 γρ. κονσέρβα ροδάκινα κομμένα στη μέση, στραγγισμένα**

Πλύνετε το ρύζι και στραγγίστε το. Ανακατώστε σε κατσαρόλα γάλα και ζάχαρη και αφήστε να πάρουν βράση. Ρίξτε το ρύζι και σιγοβράστε το για 1 ώρα, ώσπου να απορροφήσει σχεδόν όλο το γάλα.

Ανακατώστε μέσα τη βανίλια και το δυόσμο. Γεμίστε με το ρυζόγαλο τα κομμάτια ροδάκινου και κολλήστε τα μεταξύ τους ανά δύο. Τυλίξτε τα χωριστά σε αλουμινόχαρτο. Ψήστε στη σχάρα γυρνώντας τα κάθε τόσο. Σερβίρετε με σαντιγί αν θέλετε.

Μερίδες 6.

**Κατάψυξη:** Όχι.

**Φούρνος μικροκυμάτων:** Όχι.

*Ψητά σάντουιτς με βερίκοκο.*

## ΨΗΤΑ ΣΑΝΤΟΥΙΤΣ ΜΕ ΒΕΡΙΚΟΚΟ

*Μπορείτε να γεμίσετε τα σάντουιτς 3 ώρες νωρίτερα.*

- **425 γρ. κονσέρβα βερίκοκο κομπόστα**
- **125 γρ. τυρί κρέμα μαλακωμένο**
- **¹/₄ φλιτζανιού καρύδι κοπανισμένο**
- **1 κουταλιά ζάχαρη • 8 φέτες άσπρο ψωμί • ¹/₂ φλιτζάνι γάλα**
- **2 αυγά ελαφρά χτυπημένα**
- **2 κουταλιές ινδοκάρυδο**
- **¹/₄ φλιτζανιού ζάχαρη επιπλέον**

ΣΑΛΤΣΑ ΒΕΡΙΚΟΚΟ

- **1 κουταλιά λικέρ Γκραν Μαρνιέ**
- **1 κουταλιά ζάχαρη**

Στραγγίστε τα βερίκοκα και κρατήστε το σιρόπι. Ψιλοκόψτε τα μισά και κρατήστε τα υπόλοιπα. Ανακατώστε σε μπολ τα ψιλοκομμένα βερίκοκα, το τυρί, το καρύδι και τη ζάχαρη. Απλώστε το μείγμα σε 4 φέτες ψωμί. Βάλτε από πάνω τις υπόλοιπες, πατήστε καλά τα σάντουιτς και βάλτε τα στο ψυγείο 1 ώρα.

Ανακατώστε τα αυγά, το γάλα και το ινδοκάρυδο. Βουτήξτε τα σάντουιτς στο μείγμα και ψήστε τα σε καυτή λαδωμένη πλάκα μπάρμπεκιου. Στραγγίστε πάνω σε απορροφητικό χαρτί. Πασπαλίστε με την επιπλέον ζάχαρη και σερβίρετε με τη σάλτσα.

**Σάλτσα βερίκοκο:** Πολτοποιήστε στο μπλέντερ τα βερίκοκα που κρατήσατε μαζί με το λικέρ, τη ζάχαρη και το σιρόπι. Βάλτε το μείγμα σε κατσαρόλι και ζεστάνετε καλά.
Μερίδες 4.

**Κατάψυξη:** Όχι.

**Φούρνος μικροκυμάτων:** Όχι.

## ΑΧΛΑΔΙΑ ΜΕ ΚΡΕΜΑ ΜΑΝΤΑΡΙΝΙ

*Καλύτερα να γίνει λίγο πριν σερβίρετε. Η κρέμα μπορεί να γίνει την προηγουμένη.*

- **6 αχλάδια**
- **6 κουταλιές νερό**

ΚΡΕΜΑ ΜΑΝΤΑΡΙΝΙ
- **200 γρ. τυρί κρέμα μαλακωμένο**
- **1/2 φλιτζάνι κρέμα γάλακτος**
- **1/4 φλιτζανιού ζάχαρη άχνη**
- **2 κουταλιές λικέρ μανταρίνι**
- **2 κουταλιές ξύσμα μανταρινιού**

Ξεφλουδίστε τα αχλάδια, κόψτε τα στη μέση και αφαιρέστε τους σπόρους. Βάλτε κάθε αχλάδι σ' ένα κομμάτι αλουμινόχαρτο, μαζέψτε τις άκρες γύρω γύρω, προσθέστε 1 κουταλιά νερό και κλείστε καλά το αλουμινόχαρτο. Ψήστε τα αχλάδια στη σχάρα ώσπου να μαλακώσουν. Σερβίρετε με την κρέμα μανταρίνι.

**Κρέμα μανταρίνι:** Ανακατώστε καλά όλα τα υλικά μέσα σε μπολ και χτυπήστε τα με το μίξερ να γίνουν ομοιόμορφη κρέμα.
Μερίδες 6.

**Κατάψυξη:** Όχι.

**Φούρνος μικροκυμάτων:** Ναι.

## ΣΟΥΒΛΑΚΙΑ ΦΡΟΥΤΩΝ ΜΕ ΚΡΕΜΑ ΚΑΝΕΛΑΣ

*Καλύτερα να γίνει λίγο πριν σερβίρετε.*

- **1/2 μικρό καρπούζι κομμένο σε μπουκιές**
- **1 πεπόνι κομμένο σε μπουκιές**
- **12 μεγάλες φράουλες κομμένες στη μέση**
- **1/2 ανανάς κομμένος σε μπουκιές**
- **20 γρ. βούτυρο λιωμένο**
- **1 κουταλιά σιρόπι τηγανίτας**

ΚΡΕΜΑ ΚΑΝΕΛΑΣ
- **300 γρ. πηχτή κρέμα γάλακτος**
- **2 κουταλιές σιρόπι τηγανίτας**
- **1/2 κουταλάκι κανέλα αλεσμένη**
- **1/4 κουταλάκι μοσχοκάρυδο αλεσμένο**

Περάστε τα φρούτα σε καλαμάκια εναλλάξ και βάλτε τα στο ψυγείο 2 ώρες. Ανακατώστε σε μπολ βούτυρο και σιρόπι. Ψήστε τα σουβλάκια σε καυτή λαδωμένη πλάκα μπάρμπεκιου ώσπου να ζεσταθούν καλά αλείφοντας με το μείγμα βουτύρου. Σερβίρετε με την κρέμα κανέλας.

**Κρέμα κανέλας:** Χτυπήστε όλα τα υλικά στο μίξερ ώσπου να φουσκώσει η κρέμα.
Βγαίνουν περίπου 12 κομμάτια.

**Κατάψυξη:** Όχι.

**Φούρνος μικροκυμάτων:** Ναι.

*Αριστερά: Σουβλάκια φρούτων με κρέμα κανέλας.*
*Δεξιά: Αχλάδια με κρέμα μανταρίνι.*

# ΓΛΩΣΣΑΡΙ

**ΑΛΕΥΡΙ: Αλεύρι που φουσκώνει:** Αλεύρι με μπέικιν πάουντερ. Φτιάξτε το μόνη σας βάζοντας 2 κοφτά κουταλάκια μπέικιν πάουντερ για κάθε φλιτζάνι κοινό αλεύρι. Κοσκινίστε τα μαζί.
**Πατατάλευρο:** Αλεύρι από πατάτα. Μπορείτε να το φτιάξετε όπως το ρεβυθάλευρο.
**Ρεβυθάλευρο:** Αλεύρι από ρεβύθια. Μπορείτε να βράσετε ρεβύθια, να τα ξεράνετε στο φούρνο και να τα αλέσετε.

**ΓΑΛΑ ΚΑΡΥΔΑΣ:** (Δεν είναι το γάλα που περιέχει η καρύδα). Πωλείται σε κονσέρβα. Μπορείτε να το παρασκευάσετε ως εξής:
Βάλτε σ' ένα μπολ 2 φλιτζάνια τριμμένο ινδοκάρυδο με 2 1/2 φλιτζάνια καυτό νερό, σκεπάστε κι αφήστε το μέχρι να γίνει χλιαρό. Ανακατώστε το με το χέρι σας και σουρώστε το πατώντας καλά με το χέρι ή με ένα κουτάλι βγάζοντας όσο περισσότερο υγρό μπορείτε. Θα βγει περίπου 1 1/2 φλιτζάνι. Μπορείτε να ξαναχρησιμοποιήσετε το ίδιο ινδοκάρυδο με 2 1/2 φλιτζάνια νερό κτλ., αλλά θα σας δώσει πιο αραιό γάλα. Μπορείτε να το ανακατώσετε με το πρώτο, που θα είναι πιο δυνατό.

**ΓΚΑΛΙΑΝΟ:** Ιταλικό λευκό λικέρ από αρωματικά βότανα και άνθη.

**ΓΚΑΡΑΜ ΜΑΣΑΛΑ:** Μείγμα μπαχαρικών με κυριότερα κάρδαμο, κανέλα, γαρίφαλο, κολίανδρο, κύμινο και μοσχοκάρυδο. Υπάρχει και καυτερό.

**ΓΟΥΟΝΤΟΝ:** Λεπτά φύλλα ζύμης για τύλιγμα. Μπορείτε να κόψετε φύλλο κρούστας στο μέγεθος που θέλετε.

**ΓΡΕΝΑΔΙΝΗ:** Σιρόπι από ρόδι.

**ΖΕΛΕ ΔΥΟΣΜΟΥ:** Ζελέ από δυόσμο με ξύδι. Θα το βρείτε στα μεγάλα σουπερμάρκετ.

**ΚΑΡΔΑΜΟ:** Κακουλές.

**ΚΑΡΥ ΣΚΟΝΗ:** Μείγμα μπαχαρικών. Περιέχει καυτερό, κολίανδρο, κύμινο, μάραθο κ.ά.

**ΚΑΣΙΣ:** Λικέρ με βάση το μπράντι και άρωμα φραγκοστάφυλου.

**ΚΑΥΤΕΡΗ ΣΑΛΤΣΑ:** Υπάρχουν πολλών ειδών. Κυριότερη το ταμπάσκο. Βάλτε λίγη και δοκιμάστε.

**ΚΙΝΕΖΙΚΑ ΜΑΝΙΤΑΡΙΑ:** Έχουν πολύ ιδιαίτερο άρωμα. Είναι ξεραμένα. Πρέπει να τα μουλιάσετε σε καυτό νερό 20'. Πετάξτε τους μίσχους και χρησιμοποιήστε μόνο το κεφάλι τους.

**ΚΙΝΕΖΙΚΑ ΜΠΙΖΕΛΑΚΙΑ:** Μικρά τρυφερά μπιζελάκια που τρώγονται ολόκληρα. Μπορείτε να τα αντικαταστήσετε με κάποιο άλλο λαχανικό.

**ΚΟΛΙΑΝΔΡΟΣ:** Μυρωδικό βότανο που μοιάζει πολύ με το μαϊντανό, αλλά έχει εντελώς διαφορετικό άρωμα. Δύσκολα θα βρείτε φρέσκο. Υπάρχει σε σπόρους και αλεσμένος.

**ΚΡΑΣΙ ΤΖΙΝΤΖΕΡ:** Γλυκό κρασί με άρωμα τζίντζερ.

**ΚΡΕΜΑ ΙΝΔΟΚΑΡΥΔΟΥ:** Πωλείται έτοιμη σε κονσέρβα. Μπορείτε να την αντικαταστήσετε με γάλα καρύδας.

**ΚΡΕΜΑ ΡΕΠΑΝΙΟΥ:** Πηχτή πάστα από ρεπάνι (χράνο), λάδι, μουστάρδα και μυρωδικά.

**ΛΑΔΙ:** Εννοείται σπορέλαιο.
**Ελαιόλαδο:** Αναφέρεται ειδικά στις συνταγές. Υπάρχει σε πολλές διαβαθμίσεις. Το πιο αρωματικό και ελαφρύ είναι το έξτρα παρθένο ελαιόλαδο.
**Σουσαμέλαιο:** Λάδι από σουσάμι. Χρησιμοποιείται σε μικρές ποσότητες μόνο ως αρωματικό.

**ΛΕΜΟΝΟΧΟΡΤΟ:** Δεν υπάρχει φρέσκο στην ελληνική αγορά. Ίσως το βρείτε ξερό σε καταστήματα που πουλούν βότανα. Πρέπει να το μουλιάσετε σε καυτό νερό 20' πριν το χρησιμοποιήσετε. Αντικαταστήστε το με κάποιο άλλο βότανο της αρεσκείας σας.

**ΛΙΤΣΙ:** Μικρό, στρογγυλό τροπικό φρούτο. Δύσκολο να βρεθεί στην ελληνική αγορά φρέσκο. Θα το βρείτε σε κονσέρβα.

**ΜΑΓΙΑ:** 3 κουταλάκια (7 γρ.) ξερής μαγιάς αντιστοιχούν με 15 γρ. μαγιάς μπίρας.

**ΜΑΔΕΡΑ:** Ισπανικό κρασί ενισχυμένο με μπράντι.

**ΜΑΛΙΜΠΟΥ:** Λικέρ με άρωμα ινδοκάρυδου.

**ΜΑΡΑΘΟΣ:** Αρωματικό βότανο που μοιάζει με τον άνηθο. Ο βολβός της ρίζας του είναι γνωστός και με το όνομα "φινόκιο".

**ΜΑΡΙΝΑΤΑ ΤΕΡΙΓΙΑΚΙ:** Μείγμα από σάλτσα σόγιας, κρασί, ξύδι και μπαχαρικά.

**ΜΙΡΙΝ:** Γιαπωνέζικο γλυκό κρασί από ρύζι. Μπορείτε να το αντικαταστήσετε με 1 κουταλάκι ξερό άσπρο κρασί και 1 κουταλάκι ζάχαρη.

**ΜΟΥΣΤΑΡΔΑ ΜΕ ΣΠΟΡΟΥΣ:** Μουστάρδα με ολόκληρους σιναπόσπορους. Λέγεται και μουστάρδα Ντιζόν.

**ΝΤΟΜΑΤΑ: Λιαστή:** Ντομάτα ξεραμένη στον ήλιο ή στο φούρνο και διατηρημένη σε λάδι. Σας δίνουμε τη συνταγή:
- 25 μέτριες ντομάτες ρόμα (2 κιλά)
- 1/2 φλιτζάνι ολόκληρα φύλλα φρέσκου βασιλικού • 3 σκελίδες σκόρδο σε φέτες
- 3 μέτριες καυτερές πιπεριές
- 1 κουταλιά αλάτι • ελαιόλαδο

Κόψτε τις ντομάτες στη μέση κατά μήκος. Βάλτε στη σχάρα του φούρνου το βασιλικό, τις πιπεριές, το σκόρδο και τις ντομάτες με την κομμένη πλευρά επάνω. Αλατίστε και ψήστε σε πολύ χαμηλό φούρνο μέχρι να ξεραθούν. Ο βασιλικός και το σκόρδο θα πάρουν 45', οι πιπεριές 2 1/2 ώρες και οι ντομάτες 8 1/2 ώρες. Γυρίστε τις ντομάτες αρκετές φορές. Βάλτε όλα τα λαχανικά ζεστά σε αποστειρωμένα βάζα και σκεπάστε τα εντελώς με λάδι. Σφραγίστε τα βάζα. *Διατήρηση:* Στο ψυγείο για 6 μήνες.

**ΞΙΝΟΓΑΛΑ:** Το υγρό που μένει από το γάλα μετά την αφαίρεση του βούτυρου. Σήμερα φτιάχνεται με καλλιέργεια. Υπάρχει σε διάφορες μάρκες.

**ΠΑΣΤΡΑΜΙ:** Αλλαντικό από παστό μοσχάρι με μπαχαρικά.

**ΠΕΡΝΟ:** Λικέρ με άρωμα γλυκάνισου.

**ΠΙΠΕΡΙ: Κόκκινο:** Αλεσμένη κόκκινη καυτερή πιπεριά.
**Λεμονιού:** Μείγμα από μαύρο πιπέρι, λεμόνι, μυρωδικά και μπαχαρικά.
**Σετσουάν:** Μείγμα από διάφορες πιπεριές. Κινέζικο μπαχαρικό.

**ΠΡΟΣΙΟΥΤΟ:** Ιταλικό αλλαντικό. Καπνιστό, παστό ζαμπόν. Μπορείτε να το αντικαταστήσετε με μπέικον.

**ΡΕΛΙΣ:** Είδος γλυκόξινου τουρσιού από φρούτα και λαχανικά. Πολλές συνταγές θα βρείτε στον τόμο "Μαρμελάδες" αυτής της σειράς.

**ΣΑΚΕ:** Ιαπωνικό κρασί από ρύζι. Μπορείτε να το αντικαταστήσετε με ξερό άσπρο κρασί, ξερό βερμούτ ή μπράντι.

**ΣΑΛΤΣΑ ΔΑΜΑΣΚΗΝΟ:** Σάλτσα από δαμάσκηνο, ξύδι, ζάχαρη, μπαχαρικά και καυτερό.

**ΣΑΛΤΣΑ ΜΑΝΤΑΡΙΝΙΟΥ:** Αν δεν τη βρείτε, μουλιάστε σε λίγο νερό μανταρίνια κομμένα με τις φλούδες, πιέστε τα και χρησιμοποιήστε το υγρό.

**ΣΑΛΤΣΑ ΣΑΤΕ:** Γιαπωνέζικη σάλτσα με βάση τη σόγια.

**ΣΑΛΤΣΑ ΣΟΓΙΑΣ:** Σκούρη σάλτσα από σόγια. Υπάρχει ελαφρή και βαριά. Πωλείται σε μπουκάλια.

**ΣΑΛΤΣΑ ΣΤΡΕΙΔΙΟΥ:** Σκούρη πηχτή σάλτσα από στρείδια, αλάτι και σάλτσα σόγιας. Πωλείται έτοιμη.

**ΣΑΛΤΣΑ ΧΟΪΣΙΝ:** Γλυκιά, πηχτή κινέζικη σάλτσα για ψητά, από παστά μαύρα φασόλια, κρεμμύδι και σκόρδο. Πωλείται έτοιμη.

**ΣΑΛΤΣΑ ΨΑΡΙΟΥ:** Βασικό συστατικό της ασιατικής κουζίνας. Φτιάχνεται από το ζωμό παστής αντσούγιας. Μπορείτε να χρησιμοποιήσετε πάστα αντσούγιας σε μικρή δόση.

**ΣΑΜΠΑΛ ΟΕΛΕΚ:** Πάστα από καυτερή πιπεριά και αλάτι. Μπορείτε να χρησιμοποιήσετε καυτερή πιπεριά.

**ΣΑΦΡΑΝΙ:** Πανάκριβο μπαχαρικό από το άνθος του φυτού κρόκος. Θα το βρείτε σε ίνες και αλεσμένο. Λέγεται και κρόκος ή ζαφορά.

**ΣΕΡΙ:** Αγγλικό δυνατό αρωματισμένο κρασί. Μπορείτε να το αντικαταστήσετε με βερμούτ.

**ΣΙΝΑΠΟΣΠΟΡΟΣ:** Μικροί καυτεροί σπόροι από το φυτό σινάπι. Είναι η βάση της μουστάρδας.

**ΣΙΡΟΠΙ ΚΑΡΑΜΕΛΑΣ:** Έτοιμο σιρόπι καραμέλας, που χρησιμοποιείται κυρίως στα παγωτά. Πωλείται σε μπουκάλια.

**ΣΙΡΟΠΙ ΤΗΓΑΝΙΤΑΣ:** Αρωματικό σιρόπι για τηγανίτες, γνωστό και ως Γκόλντεν Σίροπ.

**ΣΚΟΡΔΟΠΡΑΣΟ:** Λαχανικό σαν το φρέσκο κρεμμυδάκι. Είναι γνωστό ως "τσάιβ". Μπορείτε να το αντικαταστήσετε με φρέσκα κρεμμυδάκια ή σκορδάκια.

**ΤΖΙΝΤΖΕΡ:** Η ελληνική πιπερόριζα. Κυρίως χρησιμοποιείται η ρίζα του κομμένη σε φέτες ή τριμμένη. Έχει καυτερή γεύση. Μπορείτε να τη διατηρήσετε μέσα σε κρασί, στο ψυγείο για μερικούς μήνες. Υπάρχει και ξερή, αλεσμένη.

**ΤΣΑΤΝΕΪ:** Είδος γλυκόξινου τουρσιού. Πολλές συνταγές θα βρείτε στον τόμο "Μαρμελάδες" αυτής της σειράς.

**ΤΥΡΙ: Γκοργκοντσόλα:** Ιταλική ποικιλία του ροκφόρ.
**Κρέμα:** Παχύ τυρί σε μορφή πηχτής κρέμας.
**Χαλούμι:** Κυπριακό άσπρο τυρί.

**ΦΥΤΡΑ ΣΟΓΙΑΣ:** Φυτρωμένα φασόλια σόγιας. Θα τα βρείτε σε καταστήματα υγιεινών τροφών.

# ΕΥΡΕΤΗΡΙΟ

## ΜΕΤΡΗΜΑ ΥΛΙΚΩΝ

Στις συνταγές αυτού του βιβλίου χρησιμοποιήσαμε μεζούρες του μετρικού συστήματος.
Στην αγορά υπάρχουν σετ από μεζούρες μαγειρικής, που αποτελούνται από:
**(α)** φλιτζάνι 250 χιλιοστόλιτρων για υγρά. Υπάρχει και κανάτα των 4 φλιτζανιών.
**(β)** σετ τεσσάρων φλιτζανιών (1, $^1/_2$, $^1/_3$, $^1/_4$ του φλιτζανιού) για στερεά, όπως αλεύρι, ζάχαρη κτλ. Όταν μετράτε, τα φλιτζάνια πρέπει να είναι γεμάτα μέχρι επάνω και κοφτά.
Το υλικό δεν πρέπει να είναι συμπιεσμένο, γι' αυτό μη χτυπάτε το φλιτζάνι πάνω στον πάγκο και μη πιέζετε το υλικό, εκτός αν υπάρχει ειδική οδηγία στη συνταγή.
**(γ)** σετ 4 κουταλιών: σούπας (20 χιλιοστόλιτρα υγρού), γλυκού (5 χιλιοστόλιτρα), $^1/_2$ γλυκού και $^1/_4$ γλυκού.
**Σημείωση:** Όπου αναφέρεται κουταλιά, είναι σούπας, όπου αναφέρεται κουταλάκι, είναι γλυκού. Όλες οι κουταλιές είναι κοφτές. Αν χρησιμοποιήσετε κοινά φλιτζάνια τσαγιού, πρέπει να ξέρετε ότι χωρούν 200 χιλιοστόλιτρα υγρού.

## ΘΕΡΜΟΚΡΑΣΙΕΣ ΦΟΥΡΝΟΥ

| **Ηλεκτρικός φούρνος** | **F°** | **C°** |
|---|---|---|
| πολύ χαμηλή | 250 | 120 |
| χαμηλή | 300 | 150 |
| μέτρια χαμηλή | 325-350 | 160-180 |
| μέτρια | 375-400 | 190-200 |
| μέτρια υψηλή | 425-450 | 220-230 |
| υψηλή | 475-500 | 250-260 |
| πολύ υψηλή | 525-550 | 270-290 |
| **Φούρνος γκαζιού** | | |
| πολύ χαμηλή | 250 | 120 |
| χαμηλή | 275-300 | 140-150 |
| μέτρια χαμηλή | 325 | 160 |
| μέτρια | 350 | 180 |
| μέτρια υψηλή | 375 | 190 |
| υψηλή | 400-450 | 200-230 |
| πολύ υψηλή | 475-500 | 250-260 |

## ΑΝΤΙΣΤΟΙΧΙΑ ΦΛΙΤΖΑΝΙΩΝ ΚΑΙ ΚΟΥΤΑΛΙΩΝ

| **Μετρικά** | **Κοινά** |
|---|---|
| 1 φλιτζάνι | 1 $^1/_4$ φλιτζάνια |
| $^3/_4$ φλιτζανιού | 1 φλιτζάνι |
| $^2/_3$ φλιτζανιού | $^3/_4$ φλιτζανιού |
| $^1/_2$ φλιτζάνι | $^2/_3$ φλιτζανιού |
| $^1/_3$ φλιτζανιού | $1/_2$ φλιτζάνι |
| $^1/_4$ φλιτζανιού | $^1/_3$ φλιτζανιού |
| 2 κουταλιές | $^1/_4$ φλιτζανιού |
| 1 κουταλιά | 3 κουταλάκια |